私達から保険代理店へのメッセージ

変化を乗り切る保険代理店経営

目　次

はじめに……………………………………………………………………5

この本の構成………………………………………………………………9

Ⅰ．環境の変化……………………………………………………………10
　1．社会の変化…………………………………………………………11
　　（1）人口動態の変化：少子高齢化………………………………11
　　（2）自動運転自動車の開発と保険マーケットの変化…………12
　　（3）産業構造の変化………………………………………………18
　2．保険業界の変化……………………………………………………20
　　（1）1995年の保険業法改正で起こった変化……………………20
　　（2）2014年の保険業法改正で起こると予想される変化………29

Ⅱ．将来の保険代理店のあるべき姿……………………………………34
　1．現状…………………………………………………………………34
　2．「家業」から「企業」へ：代理店に必要な投資………………37
　3．代理店が攻めるべきターゲット顧客……………………………41
　　（1）セグメント：お客様のニーズと経営効率から考えたターゲットの選択……41
　　（2）中小企業市場の開拓…………………………………………45
　4．販売の基本…………………………………………………………50
　　（1）循環型セールス・プロセス：既存顧客を軸としたプロセス……50
　　（2）新規顧客・契約の獲得………………………………………63

Ⅲ．保険代理店における経営改革 ································· 70

1．決断：経営改革に最も必要なもの ···························· 70
（1） 決断とは ··· 70
（2） 決断における迷い ··· 71

2．代理店経営における7つの「盾（と）矛」：どちらを追求するか？ ········ 73
（1） 保険代理店の経営改革 ·· 73
（2） 代理店経営の7つの盾（と）矛 ·· 75
（3） 継続して成果を挙げるための仕組み図 ······················· 82

3．生産性を上げるための組織体制 ································ 83

4．人材 ··· 86
（1） 人事考課と人事制度 ·· 86
（2） 報酬体系 ··· 99
（3） 採用 ··· 104
（4） 育成・教育 ··· 109

5．業務の標準化で代理店ブランドを創る ····················· 121
（1） 一貫した経営の「美学」がブランドを創る ················· 121
（2） 「商売十訓」とスティーブ・ジョブズ ····················· 122
（3） お客様を選ぶ ··· 124
（4） 保険プラン設計思想の統一：プラン設計基準を決める ········· 127

6．生産性の向上 ··· 136
（1） 社員のあり方 ··· 136
（2） 終身担当制からエリア担当制へ ······························· 137

7．営業管理 ··· 144
（1） プロセス管理のための3つのフォーム ····················· 144
（2） 顧客獲得ルート分析 ··· 150

8. 事故対応 ··· 155

9. オフィスのあり方 ································· 156

10. 経費管理 ··· 158

11. 事業継続計画（ＢＣＰ） ················ 164

12. 代理店賠償責任保険 ······················· 170

13. リーダーの役割 ································· 171

Ⅳ. M&A ··· 173

1. 代理店M＆Aの現状 ······················· 173

2. 成功するM＆Aのカギ ···················· 174

あとがき ··· 179

参考資料 ··· 181

フィードバック用紙 ································· 182

社員アンケート ··· 183

地震保険損害確認スクリプト ················ 190

顧客安否確認スクリプト ······················· 192

はじめに

　この本を読んでいただく前に、私が何故これを書こうと考えたのか触れたいと思います。

　私は1976年にＡＩＵに入社しました。代理店営業、ＮＹ赴任、財務部門を経験した後に、キャリアとして大変ラッキーなことに、ＡＩＧ傘下のアメリカンホーム、ＡＩＵ、富士火災の３社の代表者を通算約25年務めることができました。３社ともＡＩＧグループの損保会社とは言え、営業形態だけとってもアメリカンホームは通販、ＡＩＵはプロ代理店を中心とした代理店営業、富士火災はマルチチャネル営業と大きな違いがありました。富士火災では、他の２社とは異なり元々は上場国内社だったので、それまでの米国系２社とは違う文化や仕事のやり方を経験することができました。

　昨年末、富士火災の代表取締役から退任すると同時にＡＩＧの役職からも離れましたが、その後、私の経験を何らかの形で残したいという気持ちが強くなりました。その経験の中には今後の保険業界の発展に活かせることもあるのではないかと、僭越ながら考えたわけです。

　保険という狭い業界で、しかもＡＩＧ傘下の保険会社での経験に限られた話ですので、思い違いが多くあるかもしれません。また仮に皆様の共感を得ても、この本がベストセラーになることは期待できませんので、お金儲けではない良さをこの本で出せればと考えました。

　題材としては、私がＡＩＵと富士火災時代に進めていた専業代理店の今後の成長戦略に絞りました。意外に思われるかもしれませんが、通販と代理店

営業には共通する面が多くあります。アメリカンホーム時代に通販から学んだことも、代理店の新たな成長機会に役立てると確信しています。また、読者としては代理店やそれを目指す人たち、そして代理店をサポートする役割を持つ保険会社の代理店担当者を想定しています。

　保険業界は、私が書くまでもなく少子高齢化や自動運転自動車の普及などで、確実に起こるマーケットの大変化に直面しています。また、ＩＴ技術の進展とともに海外だけでなく国内でも、膨大な顧客ベースを持つＩＴ産業など異業種の参入が予想されます。人間の脳の能力の一部を代替できると言われている、ＡＩが将来の保険業に与える影響は計り知れません。加えて保険業法の改正が募集の質という面から保険流通に大きな変化を生じると思われます。

　このような環境変化を前にして、代理店の中には事業の将来について不安を持っている方がいます。しかし、理由は後述しますが、私個人としてはこれからは一層代理店が活躍できる時代になると考えています。ただ今までの代理店のあり方でそのまま成長できるかというと、それは疑問です。

　という訳で代理店の成長戦略に触れた体系的な本が今までなかったので、これを書こうという動機になりました。私が担当した部分は、42年間従事した保険業界全体を見通した個人的見解ですので、ＡＩＧ傘下の保険会社の経営方針と直接関係がないことを予め御了承下さい。

　執筆に当たっては、高松市を起点に全国で支店展開をされている代理店、有限会社保険ネットワークセンターの宮宇地覚社長との共著にしました。宮宇地氏は、私が富士火災時代から営業教育の顧問として協力していただいていた方です。保険代理店経営者の方はスーパーセールスパーソンだった方が

多く、一般的に天才肌の傾向があります。読売ジャイアンツの元監督だった長嶋茂雄氏の様に「球が来たらパッと打てば良いのだ」という調子で、自分が持っている素晴らしいノウハウを社員に伝えることが苦手のようです。宮宇地氏は、既に「保険代理店ビジネス43の常識」と「次世代の代理店経営モデル」（両著作とも新日本保険新聞社刊、現在はデジタル版で入手可能）という本を著していて、代理店経営を体系的に説明できる数少ない経営者です。単に体系化するだけでなく理論を実践して成功し、理論が機能することを自ら実証しています。宮宇地氏は全国各地で代理店経営セミナーを開催していますので、今この本を手にしている代理店の皆様の中には、既に参加された方も多いと思います。

　代理店の皆様から見たら、保険会社の人間は代理店のことを良く分かっていないと思われる面があるのではないでしょうか。その意味で、この本が宮宇地氏との共著によって概念的な事だけでなく、どうやったら実際に実行できるかを理解できて、皆様が「腹落ちする」内容になっていたとしたら、これ以上の喜びはありません。

2018年10月

横山　隆美

はじめに

　この本を書いた一番の動機は、元富士火災社長の横山氏から共著の提案があったことです。次に今回の改正保険業法において、お客様を起点とした本物の保険代理店経営が求められていると感じたからです。

　横山氏について、東大出身でＡＩＵ社の代理店営業担当者の経験から始まって、アメリカンホーム（通販）、ＡＩＵ社、富士火災社の代表を経験されている方です。

　「営業を科学する」「プロセスを管理する」ことに長けた通販と、プロ代理店中心の外国資本会社、オールチャネルを持つ約100年の歴史がある国内社といった、およそ考えられる損害保険業界の文化をすべて経験された知見がある人です。

　私は富士火災の営業トレーニングの顧問をしていた関係で、2010年から約７年半、保険営業、代理店経営、成長戦略などのことを立場の違いから意見交換をさせていただきました。

　これまで保険業界で幾多の本が出版されてきた中で、保険会社の代表経験者と保険代理店の現役経営者の共著は初めてのことです。金融庁に通じる川上から直接お客様と接する川下まで、大局的な視点から具体的な取り組みまでといった点で、この本が業界関係者、特に保険代理店の皆様の大きな気付きと行動を促す一助となれば幸甚です。

2018年10月

宮宇地　覚

《この本の構成》

　この本は横山と宮宇地の共著ですが、各々が自らの経験に基づいて項目毎に書くスタイルを採っています。Ⅰ．環境の変化と、Ⅱ．将来の保険代理店のあるべき姿、Ⅳ．M＆Aは横山が執筆し、Ⅲ．保険代理店における経営改革については、殆どの項目で宮宇地が書いた後で横山が補足するという形式になっています。どちらが担当したか分かり易いように、横山が担当した部分は黒で、宮宇地の執筆したパートは濃紺の印刷になっています。

　両著者が考えている将来の代理店像には大変共通点が多いため、重複している点もありますが、代理店と保険会社という異なるキャリアを持つことから、違う視点からのアプローチが見られるのではないかと思います。特に宮宇地のパートからは、代理店のレベルアップから社会的地位の向上を図りたいという熱い想いと、自己の理論を実践して成功させてきた代理店経営者の経験に基づく、代理店経営を変革する場合の具体的実施方法を読み取ることができると考えています。この点で、宮宇地の前２作で「何を」すべきかに共感いただいた読者の方に、「どうやって」を提示する形になっています。

　また、所々に横山が通販の実務や代理店の実際の運営から学んだことが、囲みコラムとして挿入されています。今後の代理店経営の参考にしていただければ幸甚です。

Ⅰ．環境の変化

　我が国が直面している少子高齢化は、保険の対象となる個人や法人マーケットに確実に大きな変化をもたらします。また、急速に進む自動運転自動車やシェアード・エコノミーの開発と普及、ＡＩの実用化などの影響は簡単に予測はできないものの、代理店として今から対応を準備しておかなければなりません。

　一方、業界では1995年の保険業法改正から20年以上経ち、振り返ってみれば、保険流通革命とも言うべき大規模な変化が起こりました。そして、2014年の業法改正も10年後、20年後に振り返ってみれば、業界に大きな変化をもたらしていることは間違いありません。

　少し歴史を振り返ってみれば分かる通り、日本の社会や保険業界を囲む環境はこれまで大きく変化してきましたし、これからも変化は続きます。将来のことを予測するのは難しいとはいえ、その中には既に起こり始めている、あるいは将来確実に起こる変化もあります。

Ⅰ．環境の変化

1．社会の変化

（1）人口動態の変化：少子高齢化

　　何と言っても日本の社会の変化で一番大きなものは、人口の減少と高齢化です。これを国立社会保障・人口問題研究所が2017年4月に発表した「日本の将来推計人口（平成29年推計）」で詳しく見てみます。まず、2015年の我が国の人口は1億2,709万人でした。今後、出生率と死亡率を中位で想定した場合でも、10年後の2025年には455万人減少して1億2,254万人に、20年後には更に833万人減って1億1,422万人になると推定されます。保険を購入する年齢層を仮に20歳から74歳までとすると、その年齢層の人口は2015年から2035年までの20年間で1,339万人、率にして15％の急激な減少となると予想されています。政府は子育て支援や働き方改革や教育費用無償化等を通じて出生率を上げようとしていますが、仮に出生率が多少上向きに改善できたとしても、この減少に短期間で大きく歯止めを掛けることはできません。

年次	人口（単位千人）				
	総人口	0〜19歳	20〜74歳	Index	75歳以上
2015（平成27）	127,095	22,000	88,773	100	16,322
2020（平成32）	125,325	20,720	85,884	97	18,720
2025（平成37）	122,544	19,426	81,318	92	21,800
2030（平成42）	119,125	18,249	77,991	88	22,884
2035（平成47）	114,216	17,235	75,383	85	22,597

保険販売から見ると、人生100年時代になり保険を引き受けることができる最高年齢が上昇したり、新たに高齢者を対象とする商品が開発されてマーケットを拡大できる可能性がない訳ではありません。しかし、今後さらに解決が困難になると予想される財政難という状況下での将来の年金のレベルを考慮すると、高齢者が保険を購入する経済的余裕が増大するだろうと楽観的にはなれません。つまるところ、保険購入人口の減少は確実に起こります。

人口が減少すれば、生保への影響はもちろんのこと、損保でも主力商品の対象である自動車の保有台数や住宅戸数が減るといった個人マーケットの縮小だけでなく、法人マーケットにおいても総需要が減少して、法人の数や売り上げに大きな影響が出ることになります。

（2）自動運転自動車の開発と保険マーケットの変化

殆ど毎週のようにマスコミに関連記事が出る程に、ここ数年の自動運転自動車の開発スピードには目覚ましいものがあります。最近の動向を拾っても以下の通り、伝統的な自動車メーカーだけでなく、ＩＴ産業からの進出も顕著です。

▶ 米自動車メーカーGM社は今年（2018年）１月、ハンドルやアクセル・ブレーキを設置しない自動運転自動車を2019年中に実用化する方針を発表。

▶ アウディは昨年（2017年）の東京モーターショーにおいて、レベル３以上の自動運転機能に対応したAudiA8を2018年に発売すると発表。

▶ トヨタは今年（2018年）3月、2020年から自動運転自動車の本格投入を開始することを目指して、人工知能（AI）など自動運転技術を開発する最大1,000名規模の新会社設立を発表。

▶ グーグル系の自動運転自動車開発会社ウェイモは今年（2018年）1月、欧米の提携自動車メーカーから車両を調達することによって、公道試験用の車両を現在の600台から数千台に増やすと発表。

▶ 昨年（2017年）11月、北京図森未来科技有限公司は、上海で無人トラックのコンボイ走行に成功したと発表。

▶ 広島県福山市では、今年（2018年）3月に公道を使用した自動運転自動車の実証実験を開始。

▶ ボストン・コンサルティング・グループは、今年（2018年）1月、レベル4、レベル5の自動運転自動車が、2035年には世界の新車（乗用車）販売台数の23％を占めるという予測を発表。

▶ 中国インターネット検索最大手の百度（バイドゥ）は、今年（2018年）7月、世界で初めて「レベル4」の自動運転バス「アポロン」を量産すると発表。同時に受注活動を開始した。百度は、日本ではソフトバンク・グループ傘下のSBドライブ社と提携し、「アポロン」を10台使用した実証実験を開始するとしている。

　直近ではウーバー社の自動運転自動車の試行運転で死亡事故が発生するという、開発に水を掛ける事故がありました。しかし、スマートフォンの開発など今までのIT技術の進展から経験的に言うと、この種の開発スピードは我々が予測するより速くなる傾向があります。自

動運転自動車市場が将来有望かつ巨大なマーケットであることを考慮すると、自動運転自動車に関連する新しい技術には充分な投資価値があり、様々な分野から優秀な人材や資金が集まってくると考えられます。アポロ計画の終了後に、ロケット・サイエンティストなどNASAの人材が大量にウォール街に職を求めたことで、金融工学が発展したのと同様な急速な変化が起こる可能性は大です。

　加えて高齢化による社会的要請もあります。2017年3月に道路交通法が改正されて75歳以上の運転者に対する検査や講習が強化され、運転能力が落ちた高齢者の運転免許の返上を進めています。しかし、公共交通機関が十分整備されていない地域では、免許を返上したら生活ができなくなってしまいます。自動運転自動車を循環的に運行させることを解決策として期待している地方自治体や、個人として利用したいと考えている高齢者は多いのではないでしょうか。

　わが国では官民ITS（Intelligent Transport System：高度道路交通システム）構想・ロードマップが、2016年に高度情報ネットワーク社会推進戦略本部から発表されています。これによると、自動運転自動車のメリットには、交通事故の削減、交通渋滞の緩和、環境負荷の低減、運転の快適性の向上、高齢者の移動支援の効果があるとされています。また、技術の開発を通じて国としての産業競争力と関連企業の生産性向上が期待できます。この報告では、2020年までに高速道路で準自動パイロットの市場化と、レベル4を前提とする無人自動走行移動サービスの実現を図ることを目指すとあり、国として積極的に取り組んでいることが分かります。

自動運転技術の水準（レベル）

5	完全自動化	すべての運転を自動化。人は関与せず。
4	高度自動化	一定の条件下ですべての運転を自動化。人は関与せず。
3	条件付き自動化	一定の条件下ですべての運転を自動化。人はシステムの要求に応じて関与。
2	部分自動化	ハンドル操作とアクセル・ブレーキを自動化。
1	運転支援	ハンドル操作かアクセル・ブレーキを自動化。

（注）米自動車技術者協会（ＳＡＥ）の定義を基に作成
図表の出典：日本経済新聞2018年3月31日付朝刊　3面より筆者作成

　自動運転自動車と保険の関係に関しては、法的整備が始まっています。最近の報道では、自動運転自動車で発生した事故であっても、レベル３までの段階までは車の所有者が責任を負うという現行制度を維持する方向で議論が進んでいるようです。これは被害者の立場から見れば、直接自動車メーカーを相手に責任の有無について交渉するよりストレスがなく、消費者保護の精神が生きていると言えます。実際に、自動運転装置が原因の事故であった場合でも、まず保険会社が被害者に自動車保険から保険金を支払った上で、自動車メーカーに求償することになると考えられます。自動運転自動車が普及して事故が減るのか、それとも増えるのか―ハッキングなどのシステム・トラブルで重大事故が発生するという説もあります―予測がつきません。仮に社会全体の保険のコストが従来通りだとしても、最終的な保険料負担は現

在の個人や法人契約者から、少なくとも一部は自動車メーカーに移る可能性があります。そうなるとメーカーが負担する保険料は自動車の価格に転嫁され、その分自動運転自動車の所有者が負担する自動車保険料は低下するでしょう。メーカーは自らのリスクから守るために保険会社から生産物賠償保険を手配します。しかし、それは一般の代理店を経由する保険料とはなりそうにありません。

　自分で運転することが好きな人も多くいます。また、自動車には買い替え時期があり、全ての所有者がすぐに自動運転自動車に買い替える訳ではありません。従って、短期間に全てが自動運転自動車になる訳ではありませんが、レベル4、5の段階の責任の方向はまだ未定ながら、自動車保険の全体的規模の縮小は避けられないでしょう。

　自動車保険（任意保険）は、我が国の損害保険会社の元受収入保険料（地震・自賠を含む）の45.8％、自賠を加えると57.4％を占める主力商品であり、多くの代理店にとってはその手数料収入に大きく依存している商品だと思います。いつからどの程度のインパクトがあるかには異論があるにせよ、自動運転自動車の普及が中長期的に代理店の経営に大きな影響を与えることには、疑いの余地はありません。

　自動車保険ではこの他にも、ここ数年運転者の運転行動に基づく保険料率を提供するという、テレマティクス保険の開発が進んでいます。料率体系が変わるだけでしたら代理店経営にはニュートラル（中立的）でしょうが、新しい技術は思いがけない効果を生むことがあります。仮にテレマティクスがドライバーの安全運転向上に良い影響を与えるとすると、保険料レベルが全体として低下することになり、代理

店経営に影響します。

　また、所有から使用へとシェアード・エコノミーが一般化すること
も考えられます。若年者層が自動車を買わなくなったとよく言われま
すが、シェアードが進むと１世帯に１台という社会から数家族で１台
を共有することになり、車両の保有台数が減少することが考えられま
す。因みにボストン・コンサルティング・グループは、今年（2018
年）１月のレポートで、カーシェアリング・ライドシェア・自動運転
タクシーなどの自動車のシェアリングサービスによる移動が、世界
における個人の乗用車での総移動距離に占める割合が2017年の３％
から2035年には18％へと拡大すると推計しています。また、株式
会社ジェイティップスが運営する「カーシェアリング比較360°」
では、2017年末時点の業界全体で、カーシェアリングの会員数は
120〜130万人に到達しているものと推測していますが、実際、今年
（2018年）７月カーシェアリング最大手パーク24は会員数が100万
人を突破したと発表しました。シェアード化は確実に浸透しています。

　自動車保険を巡っては、このように自動車保険が社会に誕生して以
来最大とも言える変化が起こりつつありますが、このいくつかは将来
確実に起こる、あるいは拡大する未来です。
　長年損保販売に携わっている代理店の多くは、今までわが国のモー
タリゼーションの波に乗って事業を拡大してきたのではないかと思わ
れます。自動車を巡る環境が逆の循環に入るとしたら、従来のやり方
では将来成長することが難しくなるのは明らかです。

Ⅰ．環境の変化

（3）産業構造の変化

　わが国の産業構造は、かつての重厚長大産業から第三次産業へと比重が移動してきました。内閣府「国民経済計算確報」と総務庁「国勢調査」で我が国の名目GDPにおける産業別構成比を見ると、2003年に19.5％だった製造業の構成比が2013年には18.5％に、同じく建設業が6.4％から5.9％に減少している一方、サービス業はこの間17.6％から19.9％に上昇して製造業とサービス業のシェアが逆転しています。

産業構造の変化のグラフ

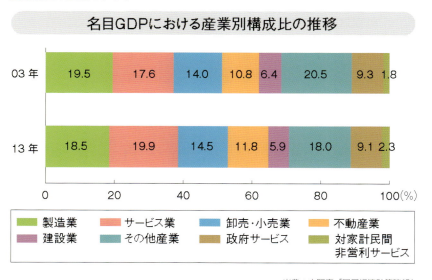

出典：内閣府「国民経済計算確報」

　就業者数も同様で、総務庁国勢調査によれば、生産性の向上という背景があるのかもしれませんが、第二次産業の就業者比率はすでにピークを打って30％を切っている一方、第三次産業の割合は約65％

まで上昇しています。

産業構造の変化　就業者構成比

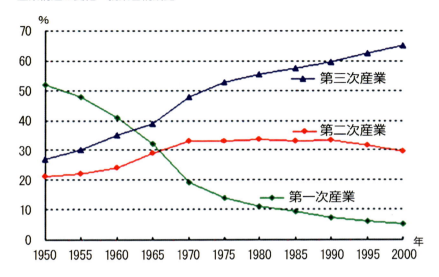

出典：総務庁「国勢調査」

　損害保険の歴史を見ると経済成長に伴って市場が拡大してきました。しかし、重厚長大産業には財物保険等伝統的な商品がフィットしますが、将来の成長の中核となるサービスやＩＴ産業が抱えるリスクは、伝統的保険商品がカバーできるものとは異なります。また、生保商品では長寿化に伴って死亡リスクに係わるものから長生きリスクに対応する商品へのニーズの変化も見られます。しかし、将来成長する産業や消費者のニーズの変化に対応させるための準備が、現在の保険業界に充分整っているかという面では、商品、販売力共にまだ心もとない状況だと思います。

2．保険業界の変化

　社会の運営を円滑に行うためのルールとして法律が存在しますが、社会や取引の安定性を確保するためには、基本的な法律は頻繁に変えるべきものではありません。従って、法律の改正は、法律が実態と合わなくなった時に実行されます。一方、法律改正は現実の後追いだけでなく同時に、将来の変化を予測してあるべき方向に誘導することも意図されています。時代が変わると法律が変わり、法律が変わると新しい時代が拓ける、ということが保険業界でも起こっています。

（1）1995年の保険業法改正で起こった変化

　　　1995年の業法改正のテーマは規制緩和でした。保険の販売という面から振り返ってみると、商品や保険料率が自由化されただけでなく、自動車の通信販売や主として生保商品の銀行窓販など販売チャネルに関する規制緩和も進みました。

　　　これがもたらした最大のものは、「保険は会社によって商品や保険料が違う」という認識が消費者や企業に浸透し、比較をして保険を購入するという考え方が広まったことではないかと思います。保険期間が1年が中心である損保商品では、お客様が購入の意思決定をするのは1年に1回だけです。ましてや保険は低関与商品と言われ、お客様の関心はそれほど高くはありません。気が付くと満期日が迫ってしまって、今回はとりあえず昨年通りで継続してしまうことになります。保険期間が長い生保商品であれば買った後に見直しをする人はまだ少数でしょう。これが他の商品と違うところで、例えば私の近所に安売りの酒屋が開店すれば、その日からその店でビールを買うようになり

Ⅰ．環境の変化

ます。保険では販売チャネルや保険会社を変更する場合に、どうしても数年単位の時間が掛かります。従って、変化を評価するためには、時間軸を長くとって分析する必要があります。

　規制緩和の象徴的存在だった自動車通販を、1996年の改正業法施行以降今日までの約20年という時間軸で見ると、1997年にゼロから始まった通販自動車保険は主要7社（＊）の収保が、2017年3月末では2,532億円、シェアは損保全体の自動車保険元受収入保険料の6.1％になっており、業法改正が業界に大きな変化をもたらしたことが分かります。

　（＊）アクサ、ソニー損保、三井ダイレクト、そんぽ24、ＳＢＩ、イーデザイン、アメリカンホームの7社。セゾンとチューリッヒは通販自動車を販売していますが通販単独の資料がなく、このグラフでは除外しているため実態はこれよりさらに高くなり7％程度になると推測されます。

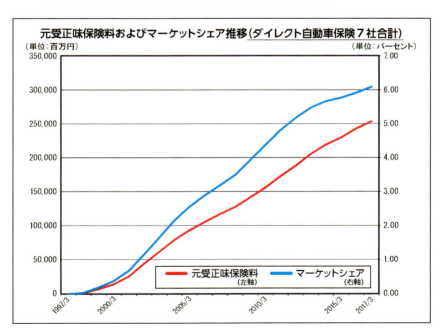

通販で学んだこと（1）販売の基本

　1995年の業法改正を機に、生損保に関わらず通販保険が普及してきました。医療保険などでは対面募集と通販を併用している会社があり、残念ながら通販の収入保険料だけを取り出すのは困難です。これに対し自動車保険は会社毎に対面募集と通販が分かれていることが多く、通販の普及が数字で分かり易く把握できます。

　前述のグラフは通販会社7社の自動車保険の収入保険料と、損害保険全社の自動車保険の収保における構成比の推移です。1997年にアメリカンホーム社が日本で初めて通販自動車保険を発売しましたが、ゼロから始まって2017年3月末時点で通販自動車保険の収保は2,532億円、シェアは6.1％までになっています。現在のところ、通販保険会社ではフリートだけでなくノンフリートでも一部の会社を除いて法人契約を扱っていません。個人契約と法人契約別の収入保険料統計はありませんが、やや乱暴に50対50と仮定すると、約20年間で12％を超える個人契約が通販に切り替わったことになります。

　このような通販自動車保険の成長の原因を、安価な保険料だけに求める傾向があります。しかし、私の経験によれば通販では確かに価格の訴求効果が強いですが、それ以外に販売の基本に忠実に、システマチックに販売のサイクルを回すことができるという優れた点が多くあります。それらについて解説したいと思います。

　第一は、後述のⅡ-4．販売の基本のところで書いている「見込み客の創出」を繰り返し実行していることです。通販を利用している保険会社は、ＴＶ、新聞、雑誌、ネットなどに広告を出して、「直ぐお電話を」とか「ネットで検索」等の訴求をしています。広告の目的は正に「見込み客の創出」です。「通販損保に変えても良いかな」とか「他の通販損保に変えてみようかな」と考えている人からの、反応を最大限にしようと工夫を凝らしています。

通販は代理店手数料の支払いが無いから保険料を安くできる、と理解している人が多いようですが、一方で広告費支出はバカになりません。大手通販損保社は、恐らく数十億円規模の広告費を使っているはずです。通販保険会社では、一つひとつの広告がどれだけの見込み客を生んだかを分析して、より効率の高い広告のメッセージやメディアの利用方法を常に追求しています。

　第二は、見込み客に繰り返しアプローチすることです。見込み客から電話やホームページへのアクセスという形で反応があって保険料の見積もりを提供しても、当然全員が保険を購入してくれるわけではありません。思ったより安くならなかったとか、事故対応が心配だということで決断をしないケースが多くあります。実際に購入してくれる見込み客は、場合によりますが10％から30％の範囲ではないかと思います。しかし、ここで重要なのは、残りの70％から90％の買ってもらえなかった見込み客を諦めていないことです。

　一旦見積りをすると見込み客データベースに登録されます。データベースには住所、氏名、性別、生年月日等の個人情報に加え、満期日や現在の契約内容が含まれます。自動車保険を例にとれば、お客様は満期日の３か月程度前から継続に興味を持ちます。その時期を狙って、昨年と同じ契約内容で１年間事故がないという前提での見積りを、過去の広告で獲得した見込み客に送ります。見込み客が問い合わせをしたこと自体「通販に変えても良い」という意志があると考えられます。翌年度のアプローチの時に保険料が期待通りのレベルになっていたり、気持ちが変わったりしていることがあるため、比較的高い購入確率でお客様に転換することができます。

　第三は、アップ・セル（増額案内）です。通販では既存顧客データを利用して、保険金額の増額や担保内容の向上（特約の追加）を、お客様の現在の契約内容を考慮した上で全員に案内します。自動車保険では無事故等級が進むため、昨年同様の契約内容で継続すると保険料が下がるお客様が殆どです。

一方、お客様は昨年の保険料より安くなればアップ・セルに応じる可能性が非常に高いので、昨年の保険料を上回らないような範囲でお薦めプランを作って案内しています。

　代理店の収入保険料が5,000万円あったとして、全ての契約を継続できても継続保険料が３％低下したら150万円の減収。平均保険料が６万円だったとしたら25件の新規を獲得できなければ減収のまま終わります。実際は全てのお客様が継続する訳ではありませんので、収保を現状維持するためには更に多くの新規契約を獲得する必要があります。アップ・セルによってお客様の契約内容の充実と共に。継続保険料を維持することは大変重要です。

　また、継続案内の時期も重要です。案内が遅くなると他社の攻勢が入ったり、お客様自身が他代理店や通販、保険ショップに見積り依頼をする可能性が高くなります。通販では満期案内の内容もタイミングも、システムで自動的に漏れなく全対象者に実行できる良さがあります。

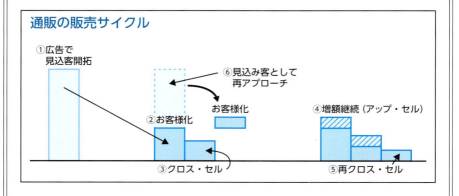

　第四は、クロス・セル（多種目販売）です。お客様の資産の増減に関わる投資型や節税型の保険は兎も角、一般の損保商品や第三分野保険、定期生命保険は、多くのお客様にとって「低関与商品」であり、余り高いレベルの興味を持っていません。従って、一か所に保険を任せた方が分かり易くて安心

だと考えています。また、保険を購入したということは、お客様にとって価格や応対の少なくともどこか満足する点があったということです。従って、お客様が満足している時、つまりある保険商品を購入してくれた直後に他の商品を案内すると、購入確率が高くなります。通販保険会社では、新規購入の直後に他の商品を自動的に案内するシステムになっている会社が多くあり、成果を挙げています。

　クロス・セルも見込み客に対するアプローチ同様、一回の案内で購入されなくても、過去の成約データを利用して購入可能性が高い顧客層に絞り込みながら、定期的に繰り返し実行されます。お客様の保険に対する考え方は変化します。昨年は興味がなくても、今年は購買意欲があるということは珍しくありません。営業社員の勘や思い込みに頼らず、システムが自動的に案内できることに通販の強味があります。

　　販売チャネルの変化という意味では、保険ショップの台頭は、もしかしたら業法改正の想定外だったかもしれません。通販もそうですが、自宅に保険販売に来て欲しくないという消費者のニーズが解放されて、主として個人顧客を対象にした新しい販売チャネルとして急拡大しました。保険ショップ最大手の「ほけんの窓口」は2000年にショップ第一号店をオープンしましたが、ホームページによれば2018年5月時点で634店を構えています。その他、以下の通り保険見直し本舗の254店など、大手保険ショップ会社10社の店舗をホームページから数え上げると1,772店になります。2000年以前には来店型と言われる全国展開の販売チャネルが殆どなかったことから見ると、これも業法改正が生んだ大きな変化です。

全国型大手来店ショップの店舗数

	ショップブランド	店舗数※（2018年5月）
1	ほけんの窓口	634
2	保険見直し本舗	254
3	保険ほっとライン	208
4	保険クリニック	177
5	イオン保険サービス	121
6	ほけんの110番!!	95
7	みつばちほけん	79
8	ほけん百花	73
9	保険テラス	68
10	ライフサロン	63
		1,772

＊各ショップホームページから筆者の手集計（2018年5月時点）

　販売チャネルがこのように多様化すれば、商品や保険料の比較だけでなく、どこから買うかを選択するお客様が生まれます。私は1976年にAIUに入社後、約10年間営業部門で代理店担当をしていましたが、当時は「どの保険会社でも商品と保険料は同じですので、ご縁がある当社から購入下さい。」というようなセールストークが成り立っていました。今はそれでは通用しないのは、代理店が実感しているところではないでしょうか。ある大手保険ショップの経営者から、最近ではネットで保険の情報を入手してから、保険ショップの店舗を訪れるお客様が増えたという話を聞きました。お客様の購買行動が大きく変わったことを痛感しますが、代理店としてこのような顧客の変化に伴う、他販売チャネルとの競合に対応できているかが問われます。

通販で学んだこと（2）お客様の行動分析

　通販に携わっていて最も面白いと感じたのは、見込み客やお客様の行動を数字で分析できること、そしてそれを次の計画作成と実行に迅速に反映できることでした。大袈裟な表現をすれば、「営業を科学する」ことが容易にできます。

　いくつか例を挙げると、新聞広告ではＡ・Ｂスプリットラン・テストができます。これは、２つの異なる広告を印刷した上で購読者にランダムに配布することによって、どちらの広告により多くの反応があるか調べる方法です。具体的には、同じ新聞の同じ日の朝刊で、私の自宅には広告Ａが、お隣には広告Ｂが届きます。コールセンターで電話を受けた時に、広告に記載されているＡかＢのコード番号を言ってもらうことで、反応の数を広告ＡまたはＢに紐付けできます。このようにして最も効果的な新聞広告を開発しています。

　テレビのＣＭでは、お客様はＣＭの直後に電話をすることが多いので、どの番組やどの時間帯のＣＭが多くの見込み客を獲得できるかが分かります。一方、広告出稿料金から見た効率も重要です。仮にテレビのゴールデンタイムのＣＭで最大数の見込み客開拓ができても、広告料との比較で効率が悪ければ広告を減らし、別の時間帯での広告を増やすことを考えます。

　因みに私の経験で言えば、通販広告はベネフィット―保険で言えば担保内容―を分かり易く魅力的に伝える広告が効果的です。広告の見栄えからすれば、イメージを重視して綺麗な写真等を使用したくなりますが、それでは余り良い結果は生まれません。

　ネットに関してはデータ収集が容易なため、さらに様々な分析ができます。自社のホームページに直接アクセスしたのか、リンクを貼った提携会社のサイトからアプローチしてきたのか等から始まり、見積りサイトに入りながら見積りしなかった人がどの画面で諦めてしまったかも分かります。私も時々

経験することですが、ネットで予約や買い物をする時に、途中でどうやったら次の画面に進めるのか分からなくなることがあります。このような分析を基に画面のデザインや画面遷移を改善して、お客さまが見積りを完了できるよう工夫します。

　広告以外でも、見込み客としての反応⇒見積り⇒成約の推移を数字で把握して、どこに問題があるかを調査します。反応が良くても見積りができないということであれば、コールセンターの対応やネットの画面遷移に問題があるでしょうし、見積りから成約に変換できなければ料率に競争力がない、或いはツールの問題が考えられます。分析は性別、年齢別等の属性別にも行い、顕著な違いがあれば属性別に異なるアプローチを導入します。その他、クロス・セルでも同様の分析を行い、どの属性のお客様に、どの商品やプランが、どのツールで、どのタイミングでアプローチすることが最も受け入れられやすいかを調べて計画を改善します。

　大変成功していた企画が突然不調になることがあります。その場合は大抵、競合他社が何か新しいことを始めた時です。通販では見込み客やお客様が他社の動向に影響される傾向にあります。同じお客様でも昨日と今日では変化しているものです。今までやってきたことが仮に上手くいっていても常に数字を分析して、事実に基づいて迅速に見直しをすることができるのも通販の面白さです。

　お客様の購買行動はチャネルの多様化やＩＴの発達で急速に変化しています。代理店としては、そのような変化に敏感になってお客様の最新のニーズを知る努力が必要です。

（2）2014年の保険業法改正で起こると予想される変化

　前述したとおり、法律が変わると様々な変化が起こります。それでは今回2014年の業法改正でどのような変化が起こると予想されるでしょうか？

　今回の保険業法改正の主要なテーマは、顧客保護に基づく保険募集制度改革です。具体的には、募集時に意向把握・確認義務や情報提供義務、乗合代理店にはさらに比較推奨義務が課されています。また金融庁が2017年1月に公表した「顧客本位の業務運営（フィデューシャリー・デューティー）に関する原則」においては、これらの義務の遂行について「これをやってさえいれば良い」という従来のルール・ベースからプリンシプル・ベース、即ち保険会社や代理店が独力で方針を作成して、それに基づいて自ら実行するという自立した運営が求められています。保険業界に長く携わっている人から見ると、ルールがいやに厳しくなったな、と戸惑う面があるかもしれません。しかし、証券会社や銀行で投資信託商品等を購入した経験がある人はご存知だと思いますが、販売時にお客様の金融商品に関する知識レベルのチェックがあり、商品のメリットだけでなく市場リスクなどが詳細に説明されます。保険を含む金融商品では、売る側である金融機関と買う側のお客様との間に、大きな情報格差（非対称性）があるのが特徴です。今回の改定では、保険募集も同じ金融機関である、銀行や証券会社における商品販売と同様のレベルにしようということだと考えられます。従って、当然保険会社だけでなく、販売に携わる代理店にも課される義務になっています。顧客保護という点では、保険募集が今まで周回遅れだったということです。

代理店が独自に作成した「顧客本位の業務運営」方針に基づき、従来以上に意向把握・確認や情報提供を実行していくと、お客様の考え方が徐々に変化します。具体的に言えば、「保険というものは詳細に説明を受けた上で納得して買う商品なのだ」という認識が浸透します。お客様は年に何回も保険を購入する訳ではありませんので、意識や行動が短期間で変わることはありませんが、これからの５年、10年という時間軸で考えれば、確実にこの方向に大きく変化するものと思われます。

お客様の意識がそのように変われば、募集における義務を適切に果たすことができない代理店は、お客様の信頼を失って排除されていきます。長年保険業界で仕事をしながらこのようなことを書くのは恥ずかしいのですが、今回明確になった募集時の義務を適切に果たせる代理店が大多数かというと、残念ながら、現状ではそうは言い切れないと思います。保険会社の社員のサポートがないと販売できない代理店はまだ存在しますし、申込書の不備は保険会社の頭痛の種です。それは過去に保険会社が極端に言えば、「誰でも良いから代理店を増やして、彼等の人間関係を利用して知り合いに売らせろ。」という具合に、質より量で代理店登録を進めてきたからです。

余談になりますが、私の妻は知り合いになった人に「夫が保険会社に勤務している。」と話すと、「引かれる」と言っていました。体験的に、断り難さを梃子にして保険を売りつけられると直感するのでしょう。

質より量の結果として、よく言われるように代理店と保険会社の代理店担当との募集における二重構造が生じてしまいました。私は今回の業法改正を端緒として、お客様の意識や保険販売の常識が変化して、いよいよ本当のプロの保険代理店の時代が来ると予測しています。

一方、募集の質を上げることは、お客様との対応や記録の作成に時間が掛かることにつながり代理店の負担が増します。また、生保の一部の投資型商品の手数料率が開示されてきたことや、過度な初年度手数料の是正が始まっていることから、中長期的に手数料率が低下する恐れがあります。従って、代理店経営として生産性を上げることが喫緊の課題になります。代理店の持続的成長のためには、従来余り注力していなかった経営効率を高める必要が生じています。

話は少し外れますが、手数料率のレベルについて高いか低いかについての議論があります。私個人としては、手数料は率と同時に絶対額でも考えるべきものだと思います。業法改正で様々な義務を適切に実行するようになると、代理店にとって時間的負担が増します。それを前提に考えると、個人契約については現状の手数料率は決して高くありません。アメリカの手数料率より高いと言われますが、私の経験によればアメリカでは自動車保険でも火災保険でも保険料が日本より高いので、手数料額を比較すれば日本が必ずしも高いことにならないと思います。

いずれにせよ、一番大事なことは手数料率・額をお客様に開示した時に、お客様がそれを適当と感じるか、高すぎると思うかということです。代理店が手数料率・額に相応しい価値を提供できているかどうかが問題です。

ところで1995年の保険業法改正によって、国内生損保会社の多くは新たに設立した子会社を通して互いの業界に相互参入しました。しかし、現時点で損保の子会社生保は再編はあったものの全てが実態として残っている一方、生保の子会社損保は明治安田損保社のみしか経

営を続けられていません。その理由を考えると、まず生損保でマーケットの規模が違うことが挙げられます。具体的には、生保にとって子会社損保の規模は小さく、本体経営に大きなインパクトを与える相乗効果が期待し難くなったということがあります。加えて狩猟型と言われる生保募集と農耕型と言われる損保募集の差が背景にあったのではないかと思います。

　生保では長期契約が殆どですので、募集担当者は主として新規契約を取り続け、契約保全は保険会社が行うという体制を採用していました。募集手数料も所謂Ｌ型で、初年度保険料に大きく傾斜していました。結果として、１年契約が主流で毎年お客様のケアをしなければならない、また保険料額も比較的小さい損保商品の募集が面倒臭いイメージになり、生保社は自前の募集チャネルを損保販売に有効に活用できなかったものと推測します。逆に、損保の募集人から見ると、保険料額が大きく今まで蓄積したお客様との信頼を基盤にクロス・セルし易い面があったのだと思います。ただ、生保販売には相続や税金の知識が必要ですので、それが苦手な代理店や営業社員は生保を含んだリスク・コンサルティングができていないのも事実です。代理店としては、生損保の特徴を知った上で、お客様の全てのリスクに対応できる体制を構築することが必要になります。

　日々開発されているＩＴ（情報技術）は、代理店を含む保険業界に大きな影響を与えてきました。以前は紙ベースで保険会社が行っていた申込書計上が、代理店システムで行えるようになったことは、この20年で最も大きな変化の一つだったと思います。独自の顧客管理システムを利用して、生産性やサービス・レベルの向上やクロス・セル

などで増収を図っている代理店も多く見られます。

　インシュアテック（InsurTech：保険とＩＴ技術の融合）の動きも、保険会社だけでなく代理店経営にも影響を与える可能性があります。最近では「オンデマンド型保険（その都度保険）」と呼んで良いような１日や数時間と言った超短期の保険が少しずつ開発され始めています。これはスマホでリスク開始時刻の特定や保険料収納ができることで初めて可能になったものです。このような保険商品は、保険会社の立場から見るとリスクが高い時だけカバーするという、言ってみれば逆選択に近いものです。しかし、表面的な保険料は安くとも、年間ベースにすれば相応の高い料率で引き受けできれば経営として成り立ちます。この分野も代理店は参入し難い分野でしょう。

　さらにＡＩは多くの単純作業をシステムで置き換えると言われていますが、事務的仕事に携わる社員に大きな影響が出るばかりか、経費率の低下から保険料レベルにも影響を与える可能性があります。代理店としても、将来ＡＩを自社の生産性向上にどのように活用できるかを考え始める時期が来ています。

　業法改正をきっかけに将来起こるだろうことに様々な点から触れましたが、1995年の業法改正以前の状況から今日までの大変化を思い起こせば、今回の改正でも10年後、20年後に振り返ってみれば、前回の業法改正がもたらした同じような大変化を見ることになるだろうと思われます。他の業種でもそうですが、代理店として持続的に成長するためには、時間軸を長くとって、将来の変化を想定しながら経営の舵を取ることが大事だと考えます。

Ⅱ．将来の保険代理店の あるべき姿

　今後保険マーケットに大変化が予測される中、お客様の考え方も競争環境も今とは異なる状況になります。代理店はこの変化をチャンスと位置付け、お客様から選ばれ続ける理由を自ら確立する必要があります。今こそ、代理店が自身の個性あるブランドを創造し、戦略的に経営の舵を取る時代です。

1．現状

　社会と業界の予想される変化に基づいて将来の代理店像を語る前に、現状に触れたいと思います。

　社内だったか社外だったのか明確には覚えていませんが、以前お客様が保険販売をどのように認識しているかという調査がありました。その時私が改めて驚いたのは、お客様の中に誰から保険を買ったか代理店や営業社員の名前は覚えているのに、引き受けている保険会社の名前を思い出せない方が多くいたということです。お客様は保険会社の経営の安定性に信頼を置いているから、どの保険会社でも安心だと考えているのかもしれません。しかし、普段お客様に接している販売チャネルに対する帰属意識が強いことが明らかになりました。

Ⅱ．将来の保険代理店のあるべき姿

　家電業界を見ると同じ様な関係がずいぶん前から進展して、お客様は家電メーカーより販売チャネルを重視しているように見受けられます。2005年までＡＩＧのＣＥＯだったグリーンバーグ氏が"Distribution is the king.（販売チャネルは王様だ。）"と言っていたのを思い出します。要は様々な業界で、メーカーなど商品の供給者からお客様に近い所に主導権が移る傾向があるということです。これは代理店にとって大きなチャンスです。

　業法改正を機に販売チャネルにおける募集品質が向上すると、所謂募集における二重構造が解消に向かい、販売は代理店に任せるという欧米型の保険市場に徐々に変化すると思われます。こうなると、私が以前から代理店ブランドの重要性を強調してきたように、質を伴うブランド作りが益々要求されてきます。

　もう一つの調査結果は違う驚きでした。国際的コンサルティング会社Capgemini社が2012年に国際比較調査で、お客様の保険に関する体験を「否定的・中立・肯定的」の３つの回答で求めたところ、日本は調査対象30か国で「肯定的」体験の回答率が何と29位でした。同様の調査の2015年版では、原因は分かりませんが次頁表の通り30か国中14位に上昇していますが、それでも「肯定的」体験の回答率は48.0％で１位のオーストリアの64.9％や２位アメリカの58.6％、６位ドイツの54.7％などと比べるとまだ見劣りがしています。

　これは前述の代理店に対する高い帰属意識と少し矛盾しているようですが、要は保険を誰から買ったかは強く意識している一方で、購買には必ずしも満足してはいないということになります。他の項目のところでも書きましたが、人間関係を中心とした販売方法を進めてきた関係で、お客様にとっての保険

Ⅱ．将来の保険代理店のあるべき姿

の必要性や商品の理解が充分ではないのではないかと推測されます。

Figure B2: Insurance Customers with a Positive/Neutral/Negative Experience, by Country (%), 2015

Country	Neutral Experience	Positive Experience
Austria	31.2%	64.9%
U.S.	37.3%	58.5%
Belgium	37.3%	57.7%
Australia	37.8%	57.1%
France	38.9%	56.8%
Germany	39.9%	54.2%
Switzerland	43.1%	51.9%
Canada	43.4%	51.2%
South Africa	44.8%	50.1%
Ireland	46.9%	49.7%
UK	43.6%	49.2%
Denmark	41.2%	49.2%
Brazil	45.2%	48.3%
Japan	47.5%	48.0%
Norway	46.1%	46.6%
Portugal	49.6%	46.4%
Mexico	47.6%	46.4%
Netherlands	44.9%	45.7%
Italy	50.5%	43.4%
Poland	50.5%	43.1%
India	51.7%	43.0%
Argentina	51.5%	43.0%
Singapore	52.0%	42.1%
Russia	51.0%	41.9%
Sweden	50.7%	41.2%
Spain	54.3%	39.2%
Taiwan	56.9%	37.7%
Hong Kong	53.2%	37.6%
China	59.2%	37.3%
South Korea	58.6%	33.8%

⇦ 日本は14位

■ Negative Experience ■ Neutral Experience ■ Positive Experience

出典：「World Insurance Report 2016」（Capgemini,Efma 発行）50ページから転載

　実際、過去20年間に保険の流通が大きく変化している環境下で、販売のやり方をお客様の変化に合わせて変えてきた代理店が、どのくらいあるでしょうか。しかし、これからの10年、20年という視点で見ると、この状況はお客様の意向把握・確認や情報提供を適切に実行することができる、募集品質の高い代理店が受け入れられる素地が充分あるということです。1995年の業法改正で、通販、銀行窓販、保険ショップが台頭して販売チャネルの多様化という流通革命が起こりましたが、今回の業法改正は募集の質の観点からの第二次流通革命を予測させます。

これも余談で大分昔の話ですが、大手生命保険会社のＴＶコマーシャルに「生命保険のおばちゃん」というものがありました。戦後増加した寡婦の雇用対策として、また保険を身近に感じさせて普及する点では意味があったと思いますが、他方、保険はプロでなくても誰でも売れるものだ、という印象を与えてしまったのではないかと思われます。前述のお客様の肯定的体験の回答率が低い調査結果とどこか繋がりを感じるのは、へそ曲がりな私だけの考え過ぎでしょうか。

本題に戻ると、第二次流通革命では、代理店が意向把握・確認や情報提供義務など「顧客本位の業務運営」（フィデューシャリー・デューティー）に基づく販売を徹底することで、お客様の保険販売に関する常識のレベルを積極的に上げる。そして、それができない代理店との差を広げることで、高い募集品質の代理店が有利に活躍できるマーケットを、自分たちの力で創造していくという姿勢が大事ではないでしょうか。

2．「家業」から「企業」へ：代理店に必要な投資

　保険代理店というと、夫婦２人であるとか、それに子供を加えた家族経営のイメージがまだあります。このような「家業」代理店は、保険で食えれば良いという意識でしょうが、事務所を持たずに自宅で営業しているような状況です。前世紀の規制時代ならともかく、今回の業法改正で代理店の募集品質のレベルが上がり、それがお客様が代理店に要求するサービス・レベルを高めていくという循環やライバルである他の販売チャネルの質を考えると、「家業」のままではこれから生き残れないと思われます。

会社の収保における専業代理店の占める割合が高いＡＩＧ損保（元ＡＩＵと富士火災）ばかりではなく、各保険会社は代理店の「家業」から「企業」への転換を進めてきました。企業化代理店で最も違うのは投資です。その昔、保険代理店には仕入れや在庫のリスクがなく、紙と鉛筆があれば営業できると言われていました。時代は変わり、紙に印刷された料率早見表で保険料を算出できた時代から、代理店システムが不可欠の業界になりました。加えて、保険ショップなどお客様が日常的にオフィスを目にするライバルが出現している現状では、お客様は代理店が「進んでいる」かどうかを気にします。「進んでいない」とサービスのレベルが低いのではと心配になり、他代理店や他のチャネルへの乗り換えを検討し始めます。お客様にとって魅力ある代理店であるためには、人財、オフィス、システムなどに継続して投資をする必要があります。

投資に関しては、私がＡＩＵの代表をしていた時に面白い経験をしました。代理店のセミナーで、超ベテランの代理店と若手代理店がパネリストとして壇上に上がり、クラーク（事務担当社員）の採用について意見を披露しました。超ベテラン代理店はクラークの給与をコストとして考え給与を抑えようとしていた一方、若手は人財投資だから給与が高くても優秀なクラークを採用すると語っていました。その後の両代理店を見ると、後者が大きく成長しています。お客様を訪問しないクラークでも、営業社員の生産性向上やお客様とのコミュニケーションを通じて、代理店のブランド作りや業績に貢献していることを理解していたからだと思います。「企業化」と言っても、ただ単に株式会社や有限会社にするだけではなく、企業として機能しているかという視点から経営しなければ、真の「企業化」とはなりません。

投資に消極的な代理店を見ると、保険会社に厳しいことは言っていても保険会社に依存しているケースが多いという印象です。保険会社は、代理店と引き受け面では多少利害の対立がある場合もありますが、基本的に共存共栄の関係にあり様々なサポートを提供しています。しかし、これはあくまで多くの代理店に共通のサポートです。代理店と一口に言っても、規模や持っているマーケット、社員の能力、乗合保険会社数など様々な違いがあります。全てのサポートが自社に適合する訳ではありません。従って、企業として成長させたり経営効率を上げるためには、サポートを取捨選択したり修正を加えたり、必要であれば外部のノウハウを導入して自社独自の投資をして自立を目指す必要があります。

通販で学んだこと（3）競合分析

　価格以外の価値の重要性が高い対面募集と異なり、通販保険のお客様は価格志向が強いのは事実です。生命保険や医療保険など保険期間が長い商品では、お客様は契約時には様々な比較をしても一旦契約してしまえば、その後に他社の見積りを取るということは殆どしません。一方、1年契約が主流の自動車保険では、毎年数社の見積りを比較して保険会社を変えるお客様が少なくありません。

　そこで大事なのは競合他社の料率やツール、アプローチのやり方などを研究することです。今でこそ他社の保険料はネットで検索すれば簡単に分かりますが、以前は社員が見込み客になりすまして、他社に電話を掛けて（ミステリー・ショッピングと呼ばれています。）保険料見積りを取ることで他社の保険料率体系を推測していました。

　競合他社に電話をすることは、お客様対応のレベルを知ることにも役立ちます。コール・センターに少し意地悪な専門的な質問をして、的確に回答できるか、どのような説明をするのかを探り、自社の社員教育に活かすことが

できます。

　見積りを取るとパンフレットと申込書が送られてきますが、それも研究材料です。まず、見積りから申込書が届くまで何日かかったかをチェックします。お客様が興味を失う前に契約手続きをしなければなりません。各社商品が殆ど同じで日用品化（コモディティ化）している自動車保険で、パンフレットにどのような工夫をしてお客様により分かり易くしているのかを調べます。申込書の比較分析も大事です。通販では社員や代理店が見込み客やお客様の傍にいて、申込書の書き方を指導することはできません。お客様は申込書が書きにくいと面倒臭くなって、今まで通りの保険会社と継続契約をしてしまいます。また、申込書に不備があると申込書を送り返すなど様々な業務が発生し、場合によっては契約の適切な成立にも影響しかねません。見込み客やお客様が保険に詳しくないことを前提にして、ミスなく独力で完成できる申込書を開発する努力をしています。

　見積りをしても当然全員が契約するわけではありません。他の項目でも書きましたが、むしろ見積りだけで終わる見込み客の方が多いのが普通です。自動車保険の場合、見積りをして契約になっていない見込み客には、現契約の保険期間終了前に再度アプローチをしています。アプローチには、郵便で再度見積りやツールを送るだけでなく電話を掛けている会社もあり、そのアプローチ方法やアプローチのタイミングも比較研究の対象になります。

　代理店の立場で競合分析を考えると、営業社員に保険ショップを訪問させたり、クラークに通販保険会社に電話をさせることは、競争相手の現状を知ることができるだけでなく、教育上でも意味があります。他のチャネルの募集や問い合わせ対応のレベルを知ることで、自分たちがどのような価値を提供すべきかを肌で感じることができます。

3．代理店が攻めるべきターゲット顧客

（1）セグメント：お客様のニーズと経営効率から考えたターゲットの選択

　　全ての業種に共通すると思いますが、代理店であっても主たる顧客として想定するターゲット層を明確に設定すべきだと思います。何故なら、ターゲット毎に適切なアプローチ方法や必要とされる知識が異なるからです。また、代理店が社員を多く有して例えば法人営業と個人営業という具合に役割分担できる体制であれば良いのですが、そうでなければ、どのような個人でも法人でも顧客にしようとすると、お客様に提供できる価値のレベルがどうしても低くなってしまって、お客様の深い信頼を得ることができません。

　　ターゲットに関しては、規模別に大企業・中堅企業、中小企業（最近ではＳＭＥ：Small & Medium Enterpriseと呼んでいる会社もあります）、個人の３つの層に分類する考え方があります。この中でお客様のニーズと中長期の代理店経営という観点から、私が代理店に薦めたいのは中小企業です。

中小企業の定義（2017年版中小企業白書による）

業種	中小企業者		うち小規模企業者
	（下記のいずれかを満たすこと）資本金	常時雇用する従業員	常時雇用する従業員
①製造業・建設業・運輸業 その他の業種（②〜④を除く）	3億円以下	300人以下	20人以下
②卸売業	1億円以下	100人以下	5人以下
③サービス業	5,000万円以下	100人以下	5人以下
④小売業	5,000万円以下	50人以下	5人以下

規模が大きい大企業・中堅企業に対する保険設計は、企業の系列代理店や大手保険ブローカーが得意としている分野で、一般の代理店がなかなか参入できない顧客層です。勿論一般の代理店の中にも大企業・中堅企業のお客様を持っているケースはあります。しかし、話を聞いてみると、代理店経営者が企業の経営者と大変深い人間関係を持っているとか、その企業がまだ小規模だった頃からずっと保険の設計を任されているといった場合が殆どです。実際、一般の代理店が新たに大企業や中堅企業にアプローチしようと考えても、面談の約束を取ることすら相当困難なのが現実です。

個人分野は、少子高齢化でマーケットが徐々に縮小します。また、個人は保険知識レベルがそれほど高くないため、商品はパッケージ化され、保険会社間で商品が似通って日用品化（コモディティ化）する傾向があります。日用品化すると日用品化の代表例であるシャンプーや洗剤のように価格の要素が大きく影響して、代理店の価値が出し難くなります。加えて、通販や銀行窓販、保険ショップという強力なライバルのチャネルがあるので、チャネル間の競争がし烈なレッドオーシャン的マーケットになっています。保険ショップは、対面販売という意味で一般の代理店に最も近い競合チャネルです。マス・メディア等を使った集客のための広告展開や、ストレスなく訪問しやすいオフィスの設計、常に販売担当社員が応対できるという保険ショップの利便性には、一般の代理店はなかなか対抗できないと思います。通販もネットなら24時間365日どこからでも見積り対応ができますし、コールセンターの営業時間も長くオペレーターの教育も徹底されているので、この利便性は代理店にとって脅威です。

Ⅱ．将来の保険代理店のあるべき姿

　個人向け商品は単価が低いことも代理店にとって頭が痛い点です。
保険業法改正に伴い、どうしても長くなるお客様とのコミュニケー
ションの時間や、訪問のための移動の時間を考えると、富裕層や生損
保販売でお客様単価を高くできるケースを除いては、代理店経営面か
ら個人を主たるターゲットにして持続的に成長するのは次第に困難に
なると思われます。

　以上の理由から中小企業をターゲットにすべきだと書くと、なんだ
か消去法の様ですが、決してそうではありません。まず、2017年度
中小企業白書によれば、下表の通り日本には第一次産業を除いた中小
企業が172万社あり、その従業員数は2,767万人に及び大企業の総従
業員数1,429万人を上回っています。

	中小企業	大企業	合計
企業数	1,720	11	1,731
（構成比）	99.4%	0.6%	100.0%
従事者数	27,671	14,288	41,960
（構成比）	65.9%	34.1%	100.0%

単位：企業数は 1,000 社、従事者数は 1,000 人

　中小企業だけの保険加入のデータがないので、私個人の経験に基づ
く感覚的な話になってしまいますが、中小企業において保険を利用し
たリスク移転は充分ではないと考えられます。多くの中小企業では、
リスク管理担当の社員を置ける体制には無く、結果として自動車や火
災と言った伝統的商品の購入に留まっている会社が多いのではないか

43

と予測されます。私は多くの代理店と関わってきましたが、賠償保険や費用保険、最近では個人情報漏洩保険、サイバー保険や、雇用慣行に関わる保険などを、保険会社の社員のサポートなしに独力で販売できる代理店は多くありません。販売する自信のない代理店がこれらの商品をお客様に薦めることはできません。中小企業において保険の手配が不充分だという実態のコインの裏側は、中小企業をターゲットにしている質の高い代理店の数がまだ少ないことでもあります。従って、今のうちに中小企業開拓のノウハウを身に付ければ、成長の機会が増大すると言うことができます。

　個人契約は効率が悪く中長期的成長を考えると、代理店の主たるターゲットにすることをお薦めしないと書きましたが、中小企業の法人契約から法人の経営者や社員団体にアプローチすることは効率面からも意味があります。社員契約で団体割引が適用できるメリットがあれば、価格的に魅力が増して他代理店や通販からの移行も期待できます。また逆に、個人顧客からその個人の持つ事業の保険に展開できれば個人顧客も十分魅力的になります。

　中小企業のマーケットは、業種や企業規模によってリスクが異なるためオーダー・メイドの保険設計が必要です。パッケージされた商品販売は得意な反面、個別のリスクに対応するのが苦手な通販や、外出して顧客企業を訪問しにくい保険ショップは中小企業マーケットに簡単に参入できません。正に、中小企業顧客に対してリスク・マネージャーの代行と言う役割を果たすことができる、質の高い代理店が活躍できる世界です。

このようなセグメントに基づくアプローチを考える際、代理店としてはまず自社の顧客分析を、具体的には法人顧客・個人顧客の割合、法人顧客の業種別の割合、個人顧客の年齢層別割合、生損保の保険種目別割合、クロス・セル率を収保と顧客数の両方から行うと自社の将来性が自然に分かってきます。個人顧客の割合が大きいと、他の販売チャネルとの競合でお客様を失うリスクがあります。個人顧客でも特に高齢層や自動車保険や火災保険の比重が高い場合は、構造改革を断行しないと今後の成長は難しいと思われます。クロス・セルの分析で、お客様１人・１法人当たりの証券数が２以下であれば、他代理店や他チャネルが他の商品で同じお客様と取引している可能性が高く、その代理店やチャネルの攻勢に晒されている一方、逆にやりようによっては他代理店や他チャネル経由で買っている他商品の獲得という大きなチャンスに変えることもできます。

いずれにせよ、中小企業をターゲットにする場合は、充分な準備を予めする必要があります。準備なく始めても成果は出ません。自社の強みと弱みを明確に把握して、今後の戦略や必要な対策をじっくり考えてみてください。。

（２）中小企業市場の開拓

中小企業と言っても製造業からサービス業まで業態は様々です。同じ製造業でも食料品から繊維製品、木製品、精密機械等、作るものの範囲は広くリスクは多種多様です。リスク・コンサルティングのアプローチの質を考えると、中小企業であれば一代理店がどのような会社でもターゲットにできるという姿勢には無理があります。従って、あ

る程度業種を絞ってアプローチする方が、代理店が提供できる価値の
質が高くなりますし、成功確率も高くなると思います。私の親しい代
理店に建設業をターゲットにして素晴らしい価値を提供している経営
者がいます。ターゲット業種を絞り込んだ成功例ですが、気を付けな
ければならないことがあります。単一の業種に絞り込むと、その業界
が不況になった場合や、乗合登録をしていない保険会社で強力な新商
品やサービスが開発された場合に、攻勢に晒されて代理店の業績に大
きな影響が出ることです。代理店経営のリスク管理という観点から、
複数の業種の専門性を高める必要もあると考えます。

　今まで中小企業開拓をされていない代理店では、商品知識だけでな
く顧客へのアプローチ方法の教育も必要になります。個人顧客では、
本人か配偶者が保険商品の購入を決定できます。一方、中小企業では
会社によって決定のプロセスが違います。会社の中で誰が決定権者か、
決定のためにどのような手順を踏まなければならないかを確認できな
いと、何回アプローチしても決定してもらえず徒労に終わります。ま
た、話し振りも会社対会社のマナーに基づいた礼儀正しいやり取りが
要求されます。

　次に大事なことは、ターゲットとした業界の情報に精通することで
す。その業界全体の知識はもちろんのこと、規制している法律や、サ
プライチェーンの情報、業界の事故例等がリスクの分析には不可欠で
す。また、各業界にはその業界でしか使われない業界用語があります。
それをマスターできると見込み客企業や顧客企業から、「この代理店
は自分たちのことを良く分かっているから、任せられる」と信頼され、
さらに同業者の紹介をもらえるなど横展開にもつながります。販売の

基本は、相手のことを良く知ることです。

　アプローチする企業に関して事前に情報収集することは当然のことです。外部データ・バンクや当該企業のホームページ等を利用すれば、様々な情報が入手できます。よく調べてきた営業担当者は、多くの場合相手に受け入れられやすいものです。

　中小企業開拓には、リスク・マネージャーの代行というアプローチが欠かせません。想定される見込み客企業や顧客企業のリスクを洗い出し、保険に転嫁するリスクと顧客企業が自社で保有するリスクを仕分けします。全てのリスクを洗い出す訳ですから、伝統的商品だけでなく様々な種類の保険の知識が必要になります。全く保険を購入していない企業というのは殆どありませんので、代理店としての価値を出すためには、自動車・火災など多くの代理店が扱うことができる伝統的商品だけではなく、賠償や個人情報漏洩、サイバー、Ｄ＆Ｏ、雇用慣行保険など、見込み客企業や顧客企業が認識していないリスクを含めたアプローチが、「この代理店は違う」という代理店の差別化要因として有効だと思われます。

　Ⅱ－2で代理店の「企業化」の必要性に触れましたが、中小企業開拓には代理店の「企業化」が必須です。お客様と代理店がともに法人であれば、税務や人材採用、社員の報酬制度など企業として共通の課題を語ることができます。そのような話の中から、アドバイスしたり税理士や弁護士、中小企業診断士などの「士業」を紹介したりすることで、保険だけのお付き合いからもっと幅が広くかつ深い関係に発展させることができます。

Ⅱ．将来の保険代理店のあるべき姿

　通販や保険ショップなどの競合チャネルから代理店を差別化するためには、下表のように代理店の強味である、顧客訪問ができるメリット、多種目商品を使用したリスク・コンサルティングや「士業」との協働による幅広いサービスを最大限に活用する必要があります。これらの強味を具体的に発揮できるのが、法人（中小企業）マーケットという見方もできると思います。

代理店と競合販売チャネルの強味・弱味

	通販	ショップ	代理店
リスク・コンサルティング	×	○	○
きちんとした説明	○	○	○
利便性	○	○	△
顧客を訪問	×	△	○
個人顧客	○	○	○
法人顧客	×	△	○
複線化したサービス	△	△	○

私が代理店から学んだこと

　私は入社以来ほぼ10年間代理店の担当をしていました、その中で天才的な営業センスを持った代理店経営者がいました。当時のＡＩＵでは有数の代理店で女性でしたが、理詰めで行動しているわけではなく、かなり思うがままの営業活動をしていました。ですから本人から彼女のやり方を理論的に教

えられたことはありませんが、お客様のところに度々同行することで様々なことを学ぶことができました。

また、その後ＡＩＵと富士火災の代表者を務めていた間、多くの代理店の方々と話して色々なことを学ばせていただきました。その中のいくつかを紹介したいと思います。

私が代理店から学んだこと（１）「先生」と呼ばれるアプローチ

ある法人開拓を得意としている代理店の話です。

その代理店は法人開拓の際、初訪で先方の業務に関してサプライ・チェーンや支店網等様々な情報を聞き取ります。次の訪問では、収集した情報にホームページや帝国データバンクの資料などを追加して、代理店が考えるリスク・マップを作成して臨みます。この様なアプローチをしている代理店は多くありませんので、その時点で「この代理店は普通と違うぞ。」という見込企業の感動を呼びます。

次のステップは、そのリスク・マップを基にして、お客様と協働でお客様が納得するリスク・マップを完成させることです。お客様の事業内容は当然お客様の方が良く知っているので、保険会社の立場で一方的に作成するのではなく、完成にはお客様のインプットが不可欠です。こうしてできたリスク・マップがあれば、あとは何を保険会社にリスク転嫁して、どのリスクを自社で保有するかという問題になります。

このアプローチは正に保険業法の改正を機に進められている、「顧客本位の業務運営」の精神と軌を一にしています。実際、お客様が納得する保険設計を提供することで、その代理店はお客様から「先生」と呼ばれていると語っていました。

多くの代理店が、保険代理店を「士業」レベルの地位に向上させたいと言っています。弁護士や会計士、税理士、中小企業診断士などのように、保

険代理店が公的に「士業」の認定を受けるまでには時間が掛かるかもしれません。しかし、実質的には既に「士業」と同じように「先生」と呼ばれる仕事をしている代理店がいることは、これからの代理店のあり方に希望を持たせてくれます。

4．販売の基本

　保険代理店は、販売会社として質が高く強い販売力─押し付け販売という意味ではありません─を持つ必要があります。そのために要求されることは、まず改正保険業法の精神に基づいた、お客様から信頼を得ることができる高いレベルの知識と規律を備えた行動です。次に実際の見込み客やお客様とのやり取り（営業活動）を管理すること、そしてそれらを円滑に実行するための社内組織や人事制度作りです。

　保険業法の改正を機に、立派な企業理念を作成して、社員がそれに基づいて行動することで成長している代理店が増えています。しかし、自社で積極的に社員教育ができている代理店は多いと言えません。販売に関しては、保険会社が提供する教育─多くの場合は商品教育です─が主で、あとは個々の営業社員の資質に任せているのではないかと思います。そうであるならば、教育を強化することでさらに成長できるチャンスが大いにあります。

（1）循環型セールス・プロセス：既存顧客を軸としたプロセス

　　　　以下では、見込み客や既存顧客へのアプローチから成約までのプロセスをを体系化して成功している、保険ネットワークセンターが提唱

している「循環型セールス・プロセス」に基づいて、販売力の強化方法を紹介します。

　取扱い保険料を増収させる方法は、既に獲得しているお客様の継続管理と新規契約の獲得に分かれます。この本は既に代理店を経営されている皆様を前提に書いていますので、まずは継続契約から触れたいと思います。

①継続契約の管理の考え方

　まず第一に、継続契約をどのように考えるかが大事です。当然ですが、継続契約の1件も新規契約の1件も同じ1件です。継続を1件失えば、それを補うためには新規契約を1件獲得しなければなりません。経験に則して言えば、新規獲得の方が継続の維持より時間とエネルギーが掛かることは明らかです。従って、契約の継続にそれなりの労力を掛けることには意味があります。

　既存契約をできる限り維持することは安定した代理店経営に大変重要です。例えば継続率が保険料ベースで毎年95％で続くと仮定すると、10年後には複利計算で40％継続保険料が減少します。たかが5％の落ちだと油断していると、新規契約を大幅に獲得できない限り急激に減収する結果になります。

　以下の図は、継続時のアプローチを示したものですが、ア．件数ベースの継続率を上げること、イ．給付内容をより広くすることで継続保険料を上げること（アップ・セル）、ウ．リスク・コンサルティングを通じて生損保の他商品の販売（クロス・セル）につなげること、を習慣として常に実行することが重要です。このように考えると、一件の契約で始まったお客様との関係の先に、大きなチャンスがあるこ

とが分かります。また、このプロセスを通じて深い信頼関係を築くことができれば、そのお客様から見込み客の紹介が自然に出てくるものです。

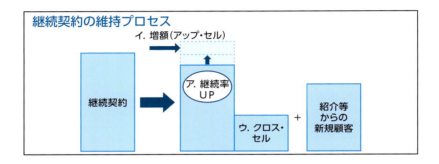

　一部の代理店では、経営効率を上げるために電話による継続を多用する傾向があります。保険会社の社員も新規契約獲得の時間を創出するという理由で、電話による継続プロセスを奨励する場合があります。しかし、それを続けるとお客様から見たら通販と変わらないことになります。訪問や対面でのコミュニケーションが価値であり差別化要因である、代理店営業の自己否定になってしまって、自分からお客様に「通販や保険ショップを検討してください。」と言っているようなものです。

　毎年継続契約の内容を確認して、上図のようにアップ・セルやクロス・セルのアプローチをすることで、お客様の信頼を高めるばかりでなく、既存顧客からのビジネス全体の拡大を図ることができます。お客様を訪問して充分な時間を掛けて説明するなど、継続に関わる業務を単にコストと捉えるのではなく、お客様との関係強化と増収の機会

だと考えた方が成長の可能性が高くなると私は考えていますし、保険ネットワークセンターでは、この考えに基づいて実際に成果を出しています。電話による募集では、お客様に多くを説明することが困難です。結果として、どうしても「昨年通り」の継続になり易く、アップ・セルやクロス・セルへの展開が難しいことは、多くの代理店が経験していることだと思います。新規契約を開拓するのに最も効果があるのは既存顧客からの紹介だと言われていますが、電話ではそれも期待できません。

②継続契約維持の４つのプロセス

　継続のアプローチの具体的な方法について、保険ネットワークセンターの「循環型セールス・プロセス」の４つのプロセスで説明したいと思います。

a．プロセス１：会社案内

　継続の訪問時（新規見込み客への訪問時にはもちろんです)には、自代理店の会社案内を使用した説明から入ります。営業活動の生産性を考えると、つい「疾風の様に現れて、疾風の様に去って行く」（昔の人気ＴＶ番組「月光仮面」の主題歌ですが、若い方は分からないですね。）、所謂「月光仮面営業」で滞在時間を最短にしたくなります。これでは訪問したというアリバイ作りにはなりますが、実態は電話による募集と大きくは変わりません。

　会社案内で自社の説明をすることには次のような効果があります。

　☆お客様は一般的に、代理店が会社案内を自社で作成していると想定していないので、しっかりした経営の会社だという信頼が高ま

る。

☆扱い収保が数億円規模であれば、規模による信頼感が増す。

☆企業理念を伝えることで、お客様を大事にしている代理店だという印象を与えることができる。

☆全ての種類の保険を販売できることを説明することで、お客様が保険の手配を考えた時必ず照会が来るようになる。

　企業理念などにお客様は興味を持たないだろう、と考える読者がいるかもしれません。しかし、お客様の前で企業理念を宣言することは、なかなかできることではありません。お客様は「わざわざ言った以上その通りやるだろう。」という期待を持たれるのが普通ですので、信頼を高める大きな効果があります。もちろん、お客様中心主義などと表面的な綺麗事を語るだけで言ったことを実行できないのは論外で、逆に信頼の失墜を招きます。企業理念を作成して宣言して実行することは、当然「顧客本位の業務運営」につながることになります。

　上述の効果の最後の点に関して補足すると、例えば自動車保険のお客様で、以前は何回か他の保険の案内をしていたが購入いただけなかったという場合などでは、クロス・セルを諦めてしまって、お客様との関係が自動車保険の継続だけになってしまうことがあります。結果として、お客様は代理店を自動車保険屋さん（嫌な言い方ですが）と位置付けて、医療保険を検討しようという時に連絡が来ません。ある時そのお客様と話したら、他の代理店で医療保険を買ってしまっていて、お客様から「お宅も医療保険を扱っていたの？」と言われる羽目になります。これは代理店が時々遭遇する苦い経験です。

　このような状況にならないためにも、自社が全ての保険を販売でき

ることを訪問の都度説明することには意味があります。

　何回も繰り返しますが、多くの場合お客様は保険には強い興味を持っていませんし、保険を通じたお客様とのコミュニケーションの回数は限られています。一回の訪問の機会を最大限に活かすことが大事です。

　理念のところでも同じようなことを書きましたが、これを読んでお客様は会社案内など聞いてくれないと疑う代理店経営者がいると思いますが、そうではありません。お客様は5分や10分であれば、ちゃんと時間をくれるものです。もっと言えば、時間を取っていただけないお客様は、何かあった時に「聞いていなかった」などとトラブルになることが多く、良いお客様とは言えません。

私が代理店から学んだこと（2）商品のメリットを常に説明する

　他代理店から移行する自代理店にとって新規契約の見込み客の話です。ロード・アシスタンス・サービスを丁寧に説明したら、お客様が「あなたが薦める自動車保険は素晴らしいので買うことに決めた」と言われた、というエピソードをある代理店から聞きました。

　ご存知の通り、自動車事故や故障などの緊急時にレッカーを派遣するサービスは、会社毎に細かな給付内容の差はありますが損保全社が提供しているサービスです。このケースでも、お客様のそれまでの契約でも同じようなサービスは提供されていたはずです。何故お客様がサービスを認識できていなかったかと言えば、保険会社の社員や代理店から見るとこのサービスはあって当たり前で、もはや差別化要因ではなく、今更説明しても仕方がないと思っていたからだと考えられます。

しかし、お客様から見ると「当たり前」ではなかったようです。恐らくサービスが導入された当時は代理店が熱心に説明していたと思いますが、それを覚えていないお客様は相当数いると思われます。保険に携わっている人間が「当たり前」だと思っているサービスが、お客様から見ると「素晴らしい」サービスである可能性が充分あります。

ロード・アシスタンス・サービスの他にも例えば医療保険のセカンド・オピニオン・サービスなど、今では標準仕様になっているサービスが多くあります。保険業界内部の常識にとらわれず、常にお客様の理解度を想像しながらコミュニケーションをすることが重要です。

b．プロセス２：リスクコンサルティング

次はお客様が抱えているリスクと保険の手配の全体を分かり易く提示することです。これには、個人と法人に分けた定型フォームを準備するとやり易いです。全体像という以上自代理店経由ではない契約も含まないと意味がありません。これには難しい点があります。お客様は他代理店契約の情報を提供すると、保険の切り替えを勧められるのでは、という警戒感を持ちます。従って、初期の訪問ではそこまで期待せず、お客様が提供してくれることだけを前提にしてコンサルティングを進めて、徐々に信頼を得てからワンストップ・ショッピングで全ての保険を任せられる完成型に持って行くという順序で良いと思います。

私が代理店から学んだこと（３）お客様の懐状況を忖度するな！

ある見込み客の法人を訪問した時のことです。保険設計に必要な情報を入手して帰社後に見積りを作り、翌日その代理店に説明すると、「何故お客様

を守る最高のプランを作成しないのだ。」と叱られました。私が「前日の話の中で先方の社長が、最近業績が思わしくないと言っていたので、保険料を抑える設計にした。」と答えると、「保険料が高くて予算に合わないのなら、先方は保険料が高いと言ってくる。その時初めて割安のプランを出せば良い。相手の予算を勝手に忖度せず、まず一番良いものを出すのが仕事です。」と言われました。

リスク・コンサルティングという観点では全くその通りです。営業担当をしていると営業成績を挙げることに眼が行ってしまって、見込み客を保険でお守りするというより、受け入れてもらい易いプランを作ってしまいがちです。まずリスクの全体像とそれに対応する保険設計を提示して、その後でお客様の予算に応じてプランを調整するというやり方が販売のあるべき姿です。これは金融・保険行政で強調されている「顧客本位の業務運営」の考えとも一致しています。その様な言葉すらない時から、感覚的ではあるもののしっかり実行されている代理店がいました。

若気の至りといいながら、目先の数字を考えていた自分が恥ずかしかったです。

ｃ．プロセス３：既契約の確認とアップ・セル（増額更改）

既契約の見直しの中で、既契約がお客様の最新のリスク状況に対応できているかを確認します。お客様は保険の担保内容や保険金額を覚えていないことが多いので、継続の度にチェックする必要があります。昨年は予算の関係で追加できなかった特約でも、改めて説明を受けると必要性が伝わることがあります。保険手配が充分でないとなれば、給付項目の追加や保険金額の増額などをお薦めします。

お恥ずかしい話ですが保険会社に在職していた時に大変困ったこと

の一つは、事故が発生した時に保険金額が不足していたり、免許証の色が違っていたり、極端な場合では保険期間の途中で増築されていたことが連絡されておらず、保険金を充分にお支払いすることができないというケースです。残念ですが多くのお客様は、リスクが変わったら保険会社に即通知しなければならないという発想を持っていません。継続契約といっても安易に昨年通りとせず、お客様と契約内容を確認することと、ベストなプランを提示する習慣が大事です。

d．プロセス4：クロス・セル（多種目販売）

　リスクの全体像の中で、既に保険でリスク転嫁がされているリスクと、保険が手配されていないリスクの説明をします。お客様が保険でカバーできると理解していたリスクに保険が手配されていなければ、クロス・セルのチャンスです。また、この説明によってお客様は何が保険の対象外かを理解できるので、事故が発生した時のトラブルが減ります。会社案内のところで説明しましたが、このプロセスでどのような保険でも自代理店が手配できることを訴求しておくことで、お客様のニーズが変化したり予算に余裕ができた時に自然に照会が入るようになります。

　単に継続契約だけの単種目のアプローチをするのではなく、このようなプロセスでリスク・コンサルティングや自代理店の差別化を図ることで、単価アップ、クロス・セル、将来の照会など、業績向上の良いサイクルを生むことができます。

　以上のプロセスの中で、お客様には現在の保険手配の状況に鑑みて適切な情報やリスクに係わる最新の情報提供をします。ホットな社会

的事件と保険の関係や今までには無かった事故や医療の現状などの保険周辺知識は、売り手側である代理店と顧客の情報ギャップ（非対称性）を埋めることや、またお客様のニーズを顕在化させることにも役立ちます。

継続契約に関わる「循環型セールス・プロセス」とは、以上の４つのプロセスをスクリプト（台本）やツールの作成、ロール・プレーの実施などを通じて全ての営業担当者が常に確実に実行することです。これが代理店の強い営業文化を創ります。

私は茶道に詳しくありませんが、茶道の求める究極な価値「おもてなしの心」は、一つひとつの型を学び実行することから会得できます。保険販売でも同様で、「お客様のことを考えて行動すること！」などとスローガンばかり掲げても、社員一人ひとりになかなか浸透しません。日々の行動で何をすべきかを具体的に決めて着実に実行することで初めて、「顧客本位の業務運営」は達成されます。

つい最近、保険ネットワークセンターでは、個人・法人別のリスク・コンサルティング・シートを使用してお客様のリスク・コンサルティングの標準化を強化しました。私は初めてこのシートを見た時には、いただく情報量が多いため、お客様はこのシートを完成させる時間（約１時間程度）を取ってくれないのではと危惧しました。結果は反対で、お客様が保険のカバー全体を相談できる担当者は初めてだと言って喜んで情報を提供してくれたため、殺到した見積り要望に応じきれない程の状況になりました。リスク・コンサルティングのアプローチの正しさが実証された感がしました。

ところで、宮宇地氏のセミナーを受けた後で「循環型セールス・プロセス」を実行しているが成果が挙がらないと語る代理店の方がいました。話を聞いてみると、情報提供の際、単に説明することだけが目的になって、お客様の反応に応じて話の展開を変えることができていなかったり、プロセスに応じたロール・プレーが実行されていなかったりなどの原因がありました。4つのプロセスを表面的になぞるのではなく、実行段階まで徹底できないと効果は出ません。

私が代理店から学んだこと（4）全員に案内する

　私がＡＩＵの代表者だった頃、新しいガン保険を発売して販売キャンペーンを実施しました。その時、代理店の新規契約獲得ランキングで、それまで数年減収に悩んでいた準大手代理店が上位に入り大変驚きました。正直に言って、保険会社側ではその代理店はもう成長力を失ったのではと考えていたからです。

　そこで、どのようにして新規契約を伸ばしたかを聞いたところ、答えは簡単なことでした。その代理店は新しいガン保険が大変良い商品だと思ったので、今まで医療保険やがん保険に加入しておらず、かつ保険会社の引き受け基準を満たす全ての個人顧客宛に、案内文とパンフレットを送付したそうです。すると日を置かずお客様から「説明に来てくれ。」という反応があり、それを成約に結びつけたということなのです。取りたてて言うべき特別なテクニックは何一つありませんでした。

　その翌年同じ時期に、同じ商品で新契約獲得キャンペーンを実施したところ、その代理店が2年連続で入賞しました。今回は何か違う仕掛けがあったに違いないと思ってインタビューしましたが、驚いたことに実行したことは

前年と同じ。前年契約したお客様を除いて同じように案内を送ったら、「説明に来てくれ。」という反応があり、商品を販売できたという話でした。

　この話は二つのことを学ばせてくれました。

　第一に、このお客様は興味がないだろうと勝手に思い込まず、対象となるお客様全てに案内することです。クロス・セルは、お客様のリスク管理面や代理店経営の効率面から大変意味のあることです。しかし、実際お客様単位の契約商品数を見ると、平均が2.0以上となる代理店は残念ながら限られています。代理店は恐らく、クロス・セルできそうなお客様だけにアプローチして、他のお客様については、以前アプローチしてダメだったからとか、予算がありそうもないからと考えて諦めているのではないかと思います。自分の思い込みを排し、対象となるお客様全員に案内することが如何に重要か痛感しました。

　二点目は、お客様の状況は変わるということです。２年目も同じように案内しただけで成約できたということは、前年はその商品に興味がなかったお客様が、今年は興味を持ったということです。これは我々に頻繁に起こっています。今年になって知り合いの親がガンで亡くなったとか、最近まで元気だった友人がガンと診断されたという話を聞いて、ガン保険に入っておこうかと考え始める人は少なくありません。前年お薦めして断られた商品が今年は購入された背景には、このようなお客様側の状況の変化があります。

　法人契約でも同様のことがあります。同業者が大きな事故を起こしたことがきっかけになって、今まで購入していなかった賠償保険に入りたいと言ってくるケースや、購入したかったが昨年は予算の関係で諦めていたものが、事業が好転して今年は保険手当をする余裕ができた等ということがあります。代理店としては、常にあるべき保険設計を提示しておくことが重要です。

お客様は一般的に保険に詳しくありませんので、信頼できる代理店に全て任せたい（ワンストップ・ショッピング）と考えています。商品毎に扱代理店が異なると、お客様にとって管理が煩雑になりますし、保険手配が漏れるリスクや保険のかけ過ぎが起こりやすくなります。また、お客様が他の商品で他の代理店と取引があるということは、その代理店が攻勢をかけてくるリスクがあることを意味します。この点からも、リスク・コンサルティングやクロス・セルを確実に実行して、お客様の契約をすべて任されることは、代理店経営から見て「攻め」だけでなく「守り」にもなると言うことができます。

以上のプロセスとは異なりますが、満期案内の時期については満期の３か月前から、できれば早いほうが良いと思います。満期日が近くなるとお客様は思い出したように保険のことを考え始めます。アプローチが遅いと、その間にお客様はネットで検索したり、通販で見積り依頼をしたり、保険ショップを覗いて見たりという行動を起こします。早目のアプローチで、このリスクを回避できると同時に、お客様の事情が変化していた場合に、継続契約の条件を再検討する充分な時間ができます。

保険料の領収については、代理店経営の生産性の観点から口座振替の月払いが良いと考えます。現金や銀行振り込みで領収すると、代勘精算など様々な事務負担が発生するばかりでなく、最悪の場合保険料の費消事件を誘引しかねません。また、保険料を払う側と受け取る側という関係が必要以上に意識されると、お客様と対等にリスクの話をする環境を作ることが難しくなります。さらに、お客様側に保険料が高いという印象や、事故も何もないのに保険料を支払っているという

掛け捨て（私が嫌いな言葉です）という感情が生じやすくなり、適切な保険設計の障害になります。

　事故がないとお客様とのコミュニケーションの機会が、どうしても継続の時期に限られがちです。お客様側から見ると、代理店は自分の都合の良い時にしか訪問してこないという印象になります。この点を解決するために、一部の代理店では定期的に会報をお客様に配布して、自社の理念や保険に関わる情報を提供することでコミュニケーションを補う努力をしています。また他にも、顧客訪問をする際にその近隣の別の顧客に予約なしで顔を出すことで、「自分のことを普段から気遣ってくれる代理店」という訴求をしている代理店もあります。

（2）新規顧客・契約の獲得
①見込み客の創出
　新規契約で大事なことは以下の図表で簡単に示している通り、見込み客があって初めて新規のお客様を獲得できるということです。これは基本の「き」であり、今更と思う人がいるかもしれませんが、増収できていない代理店に「見込み客はどうやって作っていますか？　充分な数の見込み客がありますか？」と聞くと黙ってしまうケースが大変多いです。代理店研修生出身の代理店であれば、研修生時代に見込み客を作るために飛び込みをしたり、テレアポ（電話による訪問予約）をさせられたりという経験があると思います。見込み客を作るのに大変な時間とエネルギーが掛かるためでしょうか、代理店規模や営業社員が獲得できた収保レベルが一定水準に達すると、見込み客を創ることに熱心ではなくなるようです。

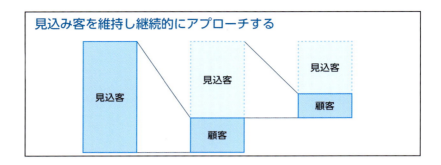

私が代理店から学んだこと（5）サービスの複線化

　このコラムの（6）お客様へのアピールでも書いていますが、事故のないお客様に代理店の価値を理解いただくのは大変難しいことです。一方これができていないとお客様が離反するリスクが高まります。代理店によっては、昔言われていたＧＮＰ（義理・人情・プレゼント）の様に、接待や贈り物でお客様を維持しようと考える方もいますが、それに頼ると逆にお客様と対等の関係を構築することが難しくなり、保険のプロフェッショナルとしての代理店の価値を落とすことになりかねません。

　一番大事なことは、当然リスク・コンサルティング能力です。新規契約獲得の場面だけでなく、契約更改時にもお客様のリスクを再検討して契約内容の修正などを適切に行うことで、お客様から「任せて安心」と思っていただけます。
　成功している代理店と話をすると、保険会社によるサービスに加え、独自に他のサービスを追加しているケースが多く見られます。例えば、弁護士や税理士、会計士、中小企業診断士など所謂「士業」との協働です。保険以外のサービスを全て自分が提供する必要はありません。お客様が望むのはサービス自体であり、他のプロの専門性を利用してチームとして対応できれば、お客様の満足を向上できます。また、このような「士業」と連携できること自体が代理店の信頼と価値を高めることにもなります。

Ⅱ．将来の保険代理店のあるべき姿

　このような協業体制は、お客様を長年維持することに繋がるだけでなく、新規獲得にも効果があります。協業という以上、お客様から法律の相談や税金の質問があった時に、提携している弁護士や税理士を紹介することはもちろんですが、逆に弁護士や税理士に保険の相談があった場合は、こちらを薦めてもらうという双方向の関係作りができます。これはお互いにとって、見込み客作りの外注化という効果があります。お客様が信頼する「士業」の方からの紹介であれば、当然成約率は高くなります。

　業界では未だ代理店の成長をサポートすべき保険会社の担当者が、新規契約を獲得するために必要なプロセスをチェックせず、結果だけを見て「お願い」をしたり、ライバル会社の契約を自社に移すようプレッシャーを掛けたり、意味のない「握り」をしている残念な傾向が見られます。皆さんの周りに、その様な代理店の成長のためにならない「昭和」の担当者や支店長・本部長はいませんか？

　代理店の皆様の話を総合すると、見込み客を作るためには以下のような方法があります。

☆既存のお客様からの紹介

☆様々なリストを利用した電話による訪問予約

☆飛び込み

☆チラシやコミュニティ情報誌への広告出稿

☆相続、事業承継、リスク管理等のセミナーの開催

☆所属している地域の法人会・納税協会、中小企業同友会、青年会
　議所、商工団体等のメンバーからの紹介

☆提携している税理士、弁護士、中小企業診断士など「士業」から

65

の紹介

　どのような方法を採用するかは代理店の選択ですが、大事なことは常に見込み客を作り続けることです。継続契約維持のプロセスで書きましたが、全ての保険を任されていない段階のお客様は、同時に自代理店で契約を獲得できていない種目については見込み客であると言えます。既存のお客様とは既に関係ができていますので、全く初めての見込み客に比べて成約までのハードルは低いと考えられます。新規、新規と新しいお客様だけを追いかけるのではなく、足元を見直すことから始めたほうが効率が高くなります。また、既存のお客様からの紹介は、「お墨付き」効果でアプローチが容易になります。

　法人会・納税協会、中小企業同友会などの団体に加入することは、団体のメンバーと知り合うことで将来の中小企業の顧客開拓に繋げることができます。しかし、保険の顧客開拓のためだけに団体に加入しても効果はありません。私が知っているある代理店は、所属している地域の中小企業同友会に参加して、その地域のメンバーの５割以上がお客様になっていました。それは、その代理店が同友会のメンバーとして積極的な活動を長年続けていた結果です。保険の開拓をする以前に、所属する団体に貢献することで信頼を築くことができたからです。新規開拓に即効性のある方法はありません、回り道の様ですが、地道に信頼関係を作ることが最も効果的な取り組みです。

　後述しますが、そのための社員教育、行動管理、データ管理、組織作りが必要なのは言うまでもありません。この点では代理店経営者の

役割が重要です。特に中小企業顧客開拓では、「企業」化した代理店と法人顧客のトップ同士の関係作りが効果的です。

私が代理店から学んだこと（6）お客様へのアピール

　その代理店はお客様を訪問した時には、保険の話だけではなく景気や最近のお客様の業績など、様々な情報を入手するのが上手い方でした。そのような時、お客様から「新宿に事務所を新設しようかと思っている。」という類の話が出ることがあります。

　するとその代理店は、その場で電話を借りて（携帯電話ができる前の話です。）知り合いの不動産会社の社長に電話を入れます。「今お客様のところにいるのだけれど、新宿に良い事務所の物件はないかしら」等々。

　実際にその電話から話が上手く進んだケースは稀だったのではないかと推察します。しかし、お客様の立場から見ると、お客様の問題を真剣に考えてくれる姿勢、その場で電話することが示す行動力、今後同じような問題があった時も相談できるネットワークなど、代理店の能力が高いという印象になり信頼が増したのではないかと思います。

　私などはそのような照会があった時に、つい「帰社してから調べて、追って電話します。」などと答えてしまいますが、それではお客様に感動を与えることはできません。直ぐ、その場でできることを実行することが強烈なアピールになります。

　保険の仕事をしていてつくづく難しいと感ずるのは、事故がないお客様に保険や代理店の価値を伝えることです。保険商品自体の価値は事故があった時に、迅速かつ適切にお支払すれば証明できますが、それだけですと毎年保険料を集金しに来るだけの人という印象になってしまいます。様々な機会を捉えて、お客様の役に立ちたいという姿勢を見せることが大事です。

②営業管理

　私はＡＩＧグループでテレ・アポ（電話による訪問予約取り）など
を推進していましたが、見込み客を作るのには時間とエネルギーが要
求されるのにもかかわらず、折角作った見込み客へのアプローチで成
約できないと諦めて、見込み客とのきっかけを捨ててしまう代理店が
多いという印象です。「循環型セールス・プロセス」は、既存のお客
様に標準化されたアプローチをすることと同時に、見込み客について
は、仮に成約できなくても改めて再訪できる関係を作ることによって、
見込み客のニーズや考えが変わった時にチャンスが生まれるという考
えです。こうすれば見込み客を使い捨てにしないで済みます。

　具体的には、成約しなかった時のクロージングで「今後もリスクに
関する情報提供をさせていただいて良いですか？」と提案して、次回
訪問し易い関係を作ります。当然、その後定期的な情報提供で、他の
代理店とは違う価値を訴求して信頼を獲得します。

　全くの新規顧客ではなく新規契約という観点から見た「循環型セー
ルス・プロセス」のもう一つの側面はクロス・セルです。継続契約の
プロセスでも触れていますが、単品の商品のお客様は他の商品の見込
み客だという考えです。リスク・コンサルティングに基づいて既契約
者にもこの「循環型セールス・プロセス」の４つのプロセスのサイ
クルを回します。お客様のリスクを全て面倒見るワン・ストップ・
ショッピングを完成させれば、お客様の利便性も安心感も高まり持続
的かつ安定的な関係が構築できます。

後のパートで説明されますが、保険ネットワークセンターでは営業のプロセス毎に数値で管理しているだけではなく、新規顧客や新規契約がどのような経緯で獲得できたのか、社員から情報を取って分析しています。このように問題点や成功例を社内で共有することで、プロセスにおける様々な改善や新規獲得の確率を向上させることができるばかりでなく、お客様の購買行動の変化を嗅ぎ取ることもできます。お客様の変化や業界の変化が激しくなっている現状では、かつて上手く行っていた方法が今は機能しないということが起こります。ビッグ・データという大袈裟な話ではなくても、経験や勘に頼る今までのやり方からデータを重視しなければならない時代に移っていると思います。

私が代理店から学んだこと（7）スピードは価値

代理店とある法人見込み客を訪問した時、確か木曜日だったと思います。先方の社長に、翌週水曜日までに見積りを提出することを約束して帰社しました。すると翌日その代理店から「見積りはまだできていないか？」という問い合わせが入りました。私が「先方には来週水曜日までと言ってあるので、月曜か火曜には作成します。」と答えたところ、「今日見積りを出したいので、直ぐ作ってくれ。」ということでした。

その時は正直言って何を急いでいるのだと、「ムカッ」としましたが、冷静に考えてみると、先方が期待しているより早く提出すれば、こちらが相手のことを大事だと思っていることが伝わりますし、時間が経つにつれ保険に対する相手の興味が減退することも防げます。また、保険設計が相手の求めているものと異なってしまうリスクがありますが、早目の提出で修正する時間を持つこともできます。

相手が期待しているより速く仕事をする、それ自体が価値だと教えられました。

Ⅲ．保険代理店における経営改革

　企業化した代理店が持続的に成長するためには、様々な観点から経営を見ることが大事です。スポーツの世界で、優れた選手が良き監督になれる訳ではないのと同様に、経営者に必要な能力は、スーパー・セールスパーソンの持つノウハウとは異なります。これからの代理店には真の経営力が求められます。

１．決断：経営改革に最も必要なもの

　社会や業界の変化の中で代理店経営にも変革が必要ですが、変革には経営者の決断が必要です。私の経験から話を進めたいと思います。

（１）決断とは

　　　保険代理店経営の実務的なところに入る前に、結論めいた事を記します。

　　　私が代理店経営を始めて20数年になりますが、始めた当初、今までの保険業界の常識とはかけ離れた代理店経営（固定給、担当替え、標準化、プロセス重視等々）を目指していたので、旧来の代理店仲間

や保険会社からそのやり方ではうまくいかないという批判めいた言葉（アドバイスしてくれたのですが）を頂きました。このような不評や、中には不利益になることも受け入れながら更なる決断をして今日まで来ました。その間、増収を続け成長して来た過程で、保険ネットワークセンター方式（セールストレーニングの世界では「循環型セールス・プロセス」と呼ばれています）を学びたいとか、導入したいという代理店も現れました。ほぼすべてオープン・ソースで考え方や技術的なことをお教えしてきました。その中で見事に経営改革して成長している代理店とそうではない代理店の違いが、代理店経営者の決断力や覚悟の有無にあり、それで代理店の将来が決まるのではないかと感じました。

　例えば、成功している代理店の社長がこのように言いました。「循環型セールス・プロセスの考えややり方を完全にトレースする。私は意思決定しない。この通りやる。」これ自体が素晴らしい決断だと思います。

　また、この本を読んで何かに気づき行動しようとするときの決断、意思決定について、本来ならば最終章にでも書くことだと思うのですが、冒頭に私が思う決断力もしくは意思決定プロセスとでも言いたい考え方をお伝えして本論に入りたいと思います。

（2）決断における迷い

　長い時間をかけて迷うような、難しい意思決定とはどのようなものなのか。迷う問題は様々かもしれませんが、往々にして自分の利益や感情が関わるから迷うことが多いのだと思います。似た状況でも、他人が悩んでいることならば、こうすれば良いと、あまり迷わずアドバ

イスできるでしょう。映画や小説で難しい意思決定の場面が描かれることがあります。観客や読者の立場で、もしあなたならどうするかと尋ねられれば、登場人物のように悩まずに、割とあっさりと答えられるのではないでしょうか。

自分が当事者になると迷う理由は、多くの場合に、自分の利益や対面を守りたいという行動と、社会的に望ましい行動が相反するからです。不利益や周りからの不評を受け入れる決断がつかないのです。自分の利益ではなく、Ａ氏とＢ氏のどちらの利益を優先するかで迷うこともあります。その時でも、迷いの本質は結論そのものより、その決定をした自分がどう思われるかにあることが多いのではないでしょうか。

自分のことだから迷うのであれば、他人のことのように意思決定すれば良い。つまり、自分の立場に別の者がいると想像して、その者にとって最善になる助言をするつもりで判断するのです。

自分の利益と社会の規範が対立する場合、第三者として助言するならば、より規範に沿うような判断をするのではないでしょうか。公正な行動は、すぐに報われなくても、やがて信用を生みます。逆に卑怯な行動は、すぐには批判されなくても、やがて信用を失い、気付かないうちに人生の大きなチャンスを逃していることになります。

しかし、個々の場面では一般的な規範に従う行動が、常に最適な行動と言えるかどうかは分かりません。というのは、人間は完全ではないので、人間の集まりである組織や社会も完全ではありません。場合によっては、正しいことが通用せず、本人に深刻な不利益を生む場合もあります。正しいことが通用する組織は、最終的には組織に関わる人々がより幸福になって、組織のパフォーマンスも良くなります。た

だし残念なことに、人間も組織も常に完全ではありません。

　矛盾に直面した時、自分の利益と規範のバランスはどこにあるのか。簡単な答えのない問題ですが、あえて次のようなことが言えるのではないでしょうか。もし良いと思った行動の代償が不釣り合いに大きいときは、おそらく意思決定に迷わない。代償が割に合わないと考えて、その行動をとらないでしょう。逆に代償が小さい場合も、迷わない。良いと思った行動を選ぶでしょう。その中間の良いと思ったことと、その代償が拮抗する時に迷います。その時は慎重に考えて、信用できる人の意見を聞くのもよいでしょう。

　自戒を込めて書きますが、一般に組織内で成功して立場が高くなるほど（社長、支店長、部長と呼ばれます）、自分に意見や注意してくれる人は少なくなります。それだけに、必ず迷いが出る経営改革においては、一層自分に厳しい判断をしないと、立場にふさわしい決断はできなくなります。

２．代理店経営における７つの「盾（と）矛」：どちらを追求するか？

（１）保険代理店の経営改革

　代理店経営において、今まで様々な情報が入ってきていると思います。例えば、採用、育成、営業教育、販売スキル、報酬体系、人事評価、営業管理、組織化、マネジメント、コンプライアンス、リーダーシップ、合併…等々

　この様な情報を、自社に合うとか合わないとか感覚的な視点で取り入れたり、導入は難しいと思ったりしながら経営されてきたのではないでしょうか。

この本の私（宮宇地）のパートでは、このような項目毎の手法を羅列するのではなく、組織を作る構想から準備の手順を順を追って説明、解説する書き方にしています。これから組織化しようとしている代理店はもちろん、組織の再構築を考えている代理店にも、役に立つものにできればと思っています。

2015年3月末までの委託型募集人を雇用する必要がある場面で、そもそも就業規則がなかったなどの笑えない問題があったと聞いたことがあります。しかもそれが、保険会社の言う中核代理店（収保3億円とか5億円）でこのような状態だったところも多かったようです。

今まで代理店の組織化の多くは、保険会社の施策でも一定の規模（保険会社側からは整理統合）を追求するために、個人代理店が寄り集まり組織化するケースが多かったのではないでしょうか。この場合必要となるのは、法人化（核となる代理店）と集まる場所（事務所）と手数料計算機能（歩合給計算）だけで、あとはそれぞれが個人代理店の時と変わらない営業を続けています。雇用や管理・教育・指導が義務となった今でも、表面的に形だけ整えて良しとしている代理店も少なくないようです。

ここで私が何が言いたいかというと、もう一度原点に戻ってどのような組織、どのような経営をしたいかを自身に問うて欲しいということです。

その思想や原点を問う質問を以下に書きます。直感的にどちらを重視してきたかをチェックしてから読み進んでいただきたいと思います。

（2）代理店経営の7つの盾（と）矛

①「効果」か「効率」か？（保険販売は「質」か「量」か）

②「短期」か「長期」か？（人材は「即戦力」か「育成」か）

③注力すべきは「純新規」か「既契約」か？

④既存契約のケアは「訪問」か「非訪問」か？

⑤経営は「アナログ」か「デジタル」か？

⑥販売は「人間力」か「仕組み」か？

⑦社員のモチベーションは「外発的動機付け」か「内発的動機付け」
か？

　この7つの盾（と）矛について、保険ネットワークセンターの考え方を述べたいと思います。もちろんいろいろな思想や考え方があって良いと思います。ただ、当社では、この考え方が代理店経営の根幹にあり、仕組みや教育にも一貫しているので迷いなく経営ができていると考えています。

①　質か量かと問われると、今回の改正保険業法でも問われている募集人の質と答えた方も多かったのではないかと推察します。しかし、この保険業法上の質は、募集行為における決め事（募集の入り口と中間と出口のチェック）やプリンシプル・ベースの姿勢を問うている最低限の質であり、私が強調したい質とは、単価が高く高度な知識が要求される契約（法人等）を獲得できる能力です。

　代理店の仕事（保険営業）は労働集約型です。ある程度量をこなす技術がないと、また量をこなさない限り質を向上させること

はできません。つまり「量質転化」の法則で、量をこなすと一気に質が上がるということです。後述しますが、当社の人事評価においても行動量が最大の評価項目になっています。

　この考えに従って量を基準にセールスパーソンの育成をし、営業が営業に専念（量をこなせる）できる仕組みを作って最終的には生産性の高い組織を作ります。

② 　人材に関して即戦力か育成かと問われれば、事業規模の大きくない代理店経営者は即戦力が必要だと答えるのではないかと思われます。現に今まで即戦力の保険営業経験者の採用や個人代理店を吸収合併して大きくなっている代理店が多く見受けられます。これからもそのような人材を集めれば良いのでしょうか？　次世代につなぐために、また企業の永続性を維持するためには、どのような人材を雇用すれば良いのでしょうか？　業界を見てみると、若手の個人代理店があまり育っていないのが現状です。高齢者の個人代理店はまだ存在しますが、これから雇用する対象ではないと思います。また、保険会社の研修生制度も代理店経営者としての独立型はほぼ形骸化しています。後継者コースや大型代理店のひも付きの研修生制度はまだ機能していますが、そもそも代理店の雇用の対象外です。だとすれば自ずと自代理店で育成するという選択肢になります。また私の経験上も収保２～３千万円で個人代理店を経営している人を雇用することにはリスクがあります。長年自分一人で気ままに営業してきたため、組織方針や仕組みになじめないことや指示命令されることに慣れていないことなどがあり、ほとんどの場合マイナス・スタート（素人の育成より難し

い）になります。これが未経験者や研修生制度からの脱落者（なじめなかった人）であれば、自社の企業理念から仕組みやシステムを、最初から当たり前として受け入れていきます。明らかにこちらのほうが戦力化は速くできます。代理店が人を育成する方法のメリットは、保険会社の研修生制度とは異なり、既に持っている分母（既存の契約）を担当替えなどで新しい社員に提供できることです。保険会社の代理店研修生が成功できたか脱落したかを分析すると、その違いは最終的には一つ、「何人の人に会えたか、数の違い」だけです。代理店内で社員の育成ができるようにすることが、今後の代理店経営において最重要な課題となります。この教育投資をする覚悟を持つことが重要です。

③　純新規か既契約のどちらに注力するか、この問いに対しては純新規と答える人のほうが多いのではないでしょうか。代理店は営業の会社なので従来からそれが当たり前の様に考えられてきました。ところが代理店の成長や増収という面でみて見ると、既契約者との関係の質（信頼関係）が大きく寄与していることを、当社の新規実績が実証しています。新規契約がどのような経緯で出ているのかを、

　　　☆既契約者に対するクロス・セル（多種目化）

　　　☆純新規工作（テレマーケティング含む）

　　　☆提携募集

　　　☆コンダクト（当社のグループ会社）との提携募集

　　　☆企業工作

　　　☆紹介

☆その他（増車・増築等含む）

　以上の７つに分類してデータを取ると、「クロス・セル」と「紹介」で新規件数の80％を占めました。このことから、既契約者を軸に増収計画を立てるほうが、純新規を追いかけるより速く成長できると確信しました。もちろん当社が「循環型セールス・プロセス（信頼関係構築を重視したプロセス）」を採用していることも要因として挙げられます。そしてこれは、既存顧客の重要度や営業の優先順位を、組織の仕組みの中でどのような位置付けにするのかということに繋がります。

④　既存顧客のケアは訪問か非訪問のどちらが良いかという選択ですが、そもそも保険代理店のビジネスモデルはフェイスtoフェイス（対面）のモデルです。ところが、多くの代理店が契約の継続に電話募集や郵送募集を取り入れています。このような募集形態では契約の更新はできても、クロス・セルやその他の顧客を創造することはできません。さらにこの形態ではお客様を最終的に通販に誘導するようなものです。もちろん電話や郵送を薦める趣旨は、更改作業を短縮化して純新規を取れということなのでしょうが、目論見通りにはなっていません。上述したように既契約者へのクロス・セルや紹介が代理店の成長を速めるという事実に逆行していることになります。

　当社では、電話募集を原則禁止しています。もちろん遠隔地に転勤になった人など例外はありますが、電話募集をするときは、上席者に許可を得る仕組みになっています。余談になりますが、世の中の発見や発明のほとんどが人と人のコミュニケーションか

ら始まっています。代理店の仕事が、顧客を創造するということであれば、人に会う原点を失っては成長がありません。

⑤　アナログかデジタルかについては、他の6つの質問のようにどちらかに寄せた仕組みにすることはできません。なぜかというと、代理店の仕事がフェイスtoフェイスというアナログ・モデルと、効率化や生産性向上のためにデジタル化しなければできない部分があるからです。要するに代理店の仕組みの中でこの塩梅（バランス）を明確に決める必要があるということです。例えば、代表的なもので顧客管理があります。最近効率化のために紙をなくしましょう、といった会話がよく聞かれます。申込書の控えもＰＤＦ化してサーバーに保管していたりします。

　最近、保険ネットワークセンターではどのような顧客管理システムを導入しているのか？とよく聞かれますが、結論を言うと、紙ベースで個人であれば世帯ごと（家族ごと）、法人であれば企業及び企業グループ毎に紙ベースでファイリングしています。要するにアナログです。

　なぜ紙ベースで顧客管理をしているのか、理由は二つ。一つ目は契約管理と顧客管理の違いです。契約管理は文字通り契約内容がどのようになっているのかを見るものです。保険会社のシステムでもゲートウェイでも確認できます。では顧客管理はというと私の解釈では、「顧客を創造するためにどのように管理するか」だと思うのです。人間の頭はデジタル対応になっていないので、紙ベースで世帯ごとに机の上に広げて家族情報をもとに何が創造

できるのか考えたほうが合理的であると考えて、このような仕組みとしました。またこれは、今回の改正保険業法とも相性が良く、意向把握・確認や要望からいろいろな創造ができるようになってきました。

　二つ目の理由は、ＢＣＰの観点です。東日本大震災の学びとして、すべてのインフラ（電気ガス水道）が止まったことを想定したＢＣＰ対策が必要と感じ、例えば顧客ファイルに地震保険、拡張担保地震保険加入者は目立つピンクのシールを貼り、いざというとき直ぐに対応できるようにしています。もちろん、顧客とのやり取りの履歴などはＰＤＦ化してデータのバックアップは取っています。このようにアナログ部分の何を使うのか、デジタルやＡＩを使ってどのように効率化するのかは、組織をどのように設計するのかに係ってきます。

⑥　販売は人間力か仕組みかと考えると、今までは人間力つまり属人性を重視しがちだったと思います。もちろん、人間力があってしかも組織の思想や構造、仕組みをしっかり遵守できる人がいれば、問題ありません。ただ人間力や能力の高い人たちは、それなりの自分の型をもっておりそれにこだわる人が多いようです。私は、俗にいう２：６：２の法則の６の人たちを普通の人と呼んでいますが、「循環型セールス・プロセス」という販売の仕組みを導入することによって、組織化の最大のハードルである再現性をクリアして、普通の人でも成果を挙げられる、さらに言えば次世代にも引き継げる組織を構築することができるようになります。

⑦　外発的動機付けとは、インセンティブや歩合給制度など主に金銭や品物（賞品）にこだわった動機付けをするというものです。一方、内発的動機付けとは、あるべき姿や自分の仕事のミッション、そして、そもそもなぜこの仕事をするのか、といったことを動機付けにした組織の在り方です。これは、突き詰めると人はお金でモチベートされるのか？という問題に行き着きます。学術的にはお金でモチベートされて働き続けるといった証明はありません。もちろん生活できない、安心・安全でないといった場合は、外発的な要因が優先しますが、それを満たした場合はもっと高次の欲求（他者から認められたい、尊敬されたい、創造的な仕事がしたい等）になると言われています。だとすると、永続性や発展性を追求すべき組織の動機付けはどちらでしょうか？　代理店経営者の方と話していると「歩合を付けないと営業社員が働かない」などといった話が出てきます。

　少し他業界に目を向けて話をしますと、大多数の中小企業は固定給です。また多少高給ではありますが、保険会社の社員も固定給で働いています。しかもよく働いています。代理店の社員は本当に歩合給でないと働かないのでしょうか？　保険業界の常識は正しいのでしょうか？　因みに当社では、完全固定給です。１円のインセンティブの支払いもありません。誰かの役に立とうとして皆よく働いています。

　規模の大小はありますが、代理店として組織的に動けるための動機付けはどうあるべきか真剣に考えなければなりません。また、再現性がある、つまり他の社員が担当しても同じように保険代理店の社会的使命が果たせるのが組織ではないでしょうか。

Ⅲ．保険代理店における経営改革

（3）継続して成果を挙げるための仕組み図

7つの盾（と）矛によってどのような組織を作るべきかを考えて頂けたと思います。次にその構想を仕組み図として描きます。組織の全体像です。

構想を実現するために、「何をKPI（重要業績評価指標）にするか」「そのKPIをクリアしたらどのような姿になっていたいか」を中心に、採用基準やセールスプロセス、マーケティング、ビジョン、マネジメントなどの関わり方を絵にすることによって組織のイメージを構築する作業です。

事例として当社の全体像（仕組み図）を下記に記載しています。参考にしてください。

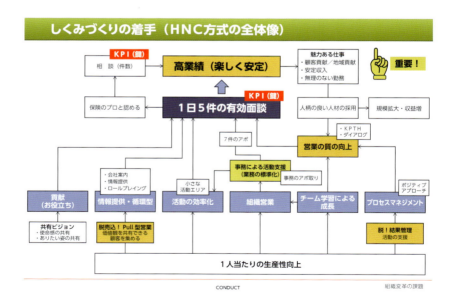

保険ネットワークセンターでは、上図で赤字に白抜きにしている、

１日５件の有効面談と相談件数という２つのＫＰＩを軸に、それを可能にする人事考課や報酬体系や採用・教育などの仕組みを構築しています。

３．生産性を上げるための組織体制

　保険代理店に関わらず経営にとって大きな課題は、如何にして現有勢力で最大の効果を出すかです。そのために必要なことは組織作りと役割の決定です。組織のあり方は、代理店の規模によって異なりますが、代理店自身や場合によっては外部を利用して果たすべき機能としては、経営、営業、事務、事故対応、経理、コンプライアンス、システム等が挙げられます。組織が小さい場合は、それぞれに専任者を置く余裕はありませんので兼任になります。

　ここで大事なのは、会社としての重要な指標と定め、その達成のためにそれぞれについてどのような仕事があるのかを書き出して、どの部門そして誰が何をするのかの役割を決めて、それを組織全員で共有することです。よくあることですが組織内で仕事量にバラつきがあると、効率が悪くなり、さらに人間関係がギクシャクしてパフォーマンスが落ちます。この様な時、役割を見直すことで仕事の偏りを解消することもできます。

　また、役割を決定した後でそれぞれの役割、例えば営業社員やクラークの仕事をきちんと文書化して、誰がやっても同じ質の仕事が達成（再現性）できるよう標準化する必要があります。

宮宇地氏が実践している「生産性向上のコツ」

　損保からスタートした代理店の中には、宮宇地さんのセミナーに参加された方が多くいらっしゃいます。宮宇地氏には富士火災で営業教育の顧問をしていただいた関係で、私もセミナーを傍聴しておりました。セミナーの内容はこの本でも活かされていますが、セミナーで宮宇地氏が語っていない実践的ノウハウがいくつかあります。当たり前だと思って宮宇地氏が語っていない、大変役に立つ「生産性向上のコツ」をいくつか紹介します。

宮宇地氏が実践している「生産性向上のコツ」（1）アポ取り

　継続契約を効率的に行うことは生産性向上の面から、代理店経営にとって大変重要です。保険ネットワークセンターでは、継続契約のための訪問のアポイントは事務担当社員が取っています。

　これには、いくつかの効果があります。

　まず生産性の向上です。普通はお客様を担当している営業社員が自分でアポ（訪問予約）を取ります。そうすると、営業社員はどうしても時間に「遊び」を作ります。「遊び」と言っても、喫茶店に入ったり、パチンコに興じたり―これは言語道断。もしそうであれば社員失格です―ということではなく、お客様との話が延びることや渋滞のリスクを多めに見込んでしまいます。私はＡＩＵに入社して約10年間代理店担当をしていましたが、私自身が代理店訪問で同じように、訪問と訪問との間に「遊び」を設けていたのを思い出します。（その間私が何をやっていたかは聞かないでください。）

　結果、営業社員自身のアポ取りの場合ですと午前と午後で２件ずつしかアポを取らないところ、クラークがやると１日５件のアポが取れるということが起こります。この話をすると、多くの代理店の方がウンウンと頷くので、実感として正しいのではないかと思います。４件が５件になれば25％の生産性向上になり、新規契約に掛ける時間を創出することができます。代理店経営者はよく、新規開拓の時間がないとこぼしますが、企業として簡単に社員を増やす訳にはいかない以上、このように今やっているやり方を詳細に検証して時間を絞り出す工夫が必要です。

次にアポ取りと顧客訪問を別の社員がやることは、お客様から見ると代理店という組織が上手く運営されているという印象になり、安心感や信頼が増します。また、クラークが直接お客様とコミュニケーションを取る機会が増えるので、お客様との関係が結果として徐々に複線化して関係強化につながるという効果もあります。同時に、お客様が営業担当者ではなく代理店に帰属意識を持つようになるというメリットもあります。

また、クラークがアポ取りをする場合は、継続契約に掛かる訪問時間は例えば1時間という様に標準化をして、お客様とも共有する必要があります。営業にはお客様の状況に合わせた柔軟性が必要だという考えもあり、私は必ずしもそれを否定はしません。しかし、標準化することで密度の高いコミュニケーションが可能になります。お客様も予め1時間と分かっていれば逆にそれに合わせてくれるもので、規律がしっかりしている代理店という印象を植え付けることにもなります。

代理店の仕事の中で事務処理は大変重要かつ労力が要るものですが、保険ネットワークセンターでは効率向上のために事務マニュアルを自社で作成しています。複数の保険会社に乗り合っていると会社毎に事務処理が異なり、それを全て覚えるのは至難の業です。保険会社はマニュアルを提供していますが、それは汎用的なものであり代理店から見ると使用しない部分も含まれています。また、保険会社が要求している事務処理の他に、自社の営業管理のために必要な事務もあります。その様な背景から、それらを組み合わせて自社オリジナルのマニュアルを作ったわけです。

一旦作成すると、社内のミスが減り無駄な仕事が無くなりますし、お客様に迷惑を掛けることも少なくなります。また、新しい社員が入社した時も教育に使用できるため、早い段階で戦力にすることができるというメリットも

あります。

　以下は事務マニュアルの目次ですが、これを自前で作成していることにサービス・レベルと生産性向上への覚悟を感じます。

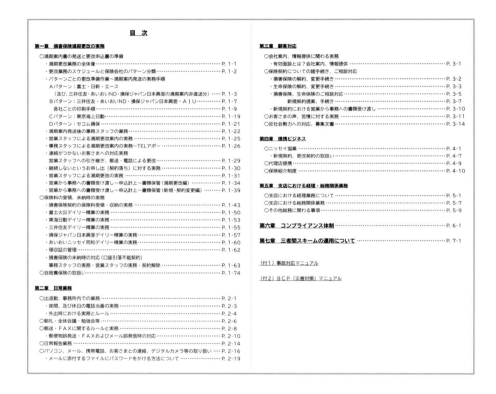

4．人材

（1）人事考課と人事制度

　　代理店経営にとって最も重要なのは人材です。ここでは、まず人事考課から話を進めます。人材を語るとき、一般的には最初に「採用」次に「育成」「教育」といった手順でやり方を書いているものが多い

ため、人事考課をはじめに書くことに違和感を持たれたことでしょう。

　私は、人の評価が一番難しいと考えています。何を評価するかという考課基準が定まっていないと、採用基準も決まらないし育成方法も教育方針も決められないはずです。前述の仕組み図の中で会社の評価の軸となるKPIを決めました。ところが、考課基準でそのKPIが適切に評価されていなければ、社員はそれを実現しようとするでしょうか？　構想や理念、あるべき姿、仕組み図を実現するためには考課基準の策定が最初の実務となるべきです。

　これと逆のパターンで採用基準や育成方法、教育方針から決めた結果、最終的に考課基準が曖昧になったり、会社の理念と整合性がないものが出来上がってしまった代理店をよく見かけます。人事考課のやり方だけを社会保険労務士などと相談して一般的な考課方法を取りいれると、代理店独自の思想や理念が反映されないものになります。

　従って、最初に思想、構想、理念、想いなどを実現するための代理店独自の考課基準を考えることが重要です。評価や考課によって人の姿勢や行動が変わります。

　ご参考として、当社の人事考課、給与体系の意味や目的、考え方を伝えたいと思います。

①人事考課についての基礎知識

　人事考課とは、個々の社員の勤務態度・職務能力・勤務実績を直接経営陣が査定する制度です。考課を行う際は、合理的に制定された一定の考課項目・手順を予め定めておく必要があります。

　社員は誰でも、自身の働き・成果・能力に対し公正に評価されたいと思っていますが、店主の好き嫌いや性格の一致・不一致などで評価

されたのでは、社員の能力開発はおろか定着率は低迷し、専門性のある優秀なスタッフを抱えたプロフェッショナルな代理店体制を築くのは困難と思われます。

　人事考課における経営者の恣意性をなくすために、公平かつ客観的で社員にオープンにできるような人事考課制度を持つことは、経営規模を大型化していく上で必須要件です。

　注意事項としては、「公平かつ客観的」と書きましたが、世の中に100％公平でかつ客観的な人事考課制度はありません。ただ、社員ができるだけ公平かつ客観的に見てくれていると思えるものにすることです。

ａ．人事考課の目的

●社員の指導・育成の指針とする。

　社員が必要としている職務能力や課題と本人の能力や行動量及び実績を比較・分析して、指導・教育、または自己啓発のための指針とする

●公正・公平な昇給・昇格の査定を行う。

　社員の能力や実績を一貫した方法で評価することで、公正で公平な昇給・昇格に結びつけ、処遇に対する納得感を持たせる。

●安心して働けるルール作り。

　就業規則もそうですが、給与体系や人事考課制度を作成し、社員にオープンにして安心感や公平感、納得感を醸成して社員の定着化を図る。

　このように、人事考課の目的は単に昇給・昇格を決めるだけでなく、社員の能力開発と育成を基本として、処遇に納得感があり、や

る気が出る活き活きとした組織作りと、安心して働ける環境、即ち社員の定着化を目指す制度であり、その観点に立った運用が求められます。

b．人事考課で留意すべきポイント

　　人事考課を行う際には、当然のことながら公平・公正を期す必要がありますが、そのためのポイントは次の通りです。

●考課の評定基準や評価方法を客観的・明確に定めておく

●経営者、店主以外に管理職がいる場合、彼らを第一次考課者とし、経営者・店主自身は第二次考課者になるなど、複数名で考課する体制にする。

●考課に当たり生じやすい心理的偏向をできるだけ是正するように努める、公正にしようとしても考課者が自然に犯してしまう心理的偏向には、主に次のようなものがあります。

　　☆中央化傾向

　　　全体的に被評価者の評価が平均並みになり、優劣の差が生じない傾向（考課結果が中央に集中）。考課者に自信がない場合や考課基準が不明瞭な場合に起こります。

　　☆寛大化傾向

　　　特定の特性について、評価が実際以上に甘くなってしまう傾向。（考課結果が上位に集中）考課者の観察不足、部下に対して必要以上に人情が働いている場合に発生します。

　　☆ハロー効果

　　　部下の評価要素の中に、一部特に優れたものや劣っている点があると、ほかの要素も良く見えたり、悪く思えたりすると

いう傾向。部下についての印象が既に出来上がってしまって
いる場合に生じます。

　以上の心理的偏向を避けるためには、考課者が常日頃から考課理由
を社員の具体的行動レベルに落として明確に記述して、その都度本人
とコミュニケーションを取る必要があります。

　人事考課の限界として一般に言われているのは、あくまで上位者か
ら部下への評価であるということです。誰しも主観的な傾向から完全
に脱しきれるものではありません。そこで人事考課に加えて、社員同
士や社員から経営者に向けた評価の要素も入れて調整を図ることが望
ましいと思われます。その際、できるだけ多角的に、しかも簡便な方
法で総合的に判断できる方法として「フィードバック」と「社員アン
ケート」という方法を採っています。

c．職務等級

　職務等級とは職務遂行能力の程度によって社員を該当等級に格付
けするものです。この等級は、職務能力の困難度や責任度などを
ベースに設定されます。考課は、各等級区分に該当する職務遂行能
力の種類や程度を明確にした基準を設け、この基準に基づいて行っ
ています。等級アップは「昇格」ということになります。

　当社のモデルプランでは、営業職・事務職別に、それぞれ1〜6
等級まで職能等級を設け、給与システムと結び付けています。この
ように長期的な視点で評価する等級制度と単年度評価を組み合わせ
ることで将来のマネージャーや経営者を育てています。

②人事考課の進め方

　ここでは当社の「人事考課表」に従って、人事考課の進め方を具体的に説明いたします。

　保険ネットワークセンターでは、人事考課として、単年度評価（評価給対応部分）と等級評定（職能給対応部分）という2つのステップがあります。評価給＋職能給＝報酬となります。

a．単年度評価（評価給対応部分）

　考課対象期間である一年間に、能力の発揮度及び成果について評価します。従って当然のことながら、毎年必ず行われることになります。A～Eまでの5段階評価を行い、給与の中の評価給部分が決定されます

　営業職・クラーク職どちらも基本的な職務能力と取組姿勢と成果の3つを評価項目としていますが、それぞれの求められる役割から、ウエイト配分（重み付け）は次の通り、若干変えています。

	職務能力 行動量	取組姿勢	成　果	合計
営業職	40	30	30	100
事務職	30	40	30	100

　営業職は、行動量を重視し、クラーク職は取組姿勢を重視しています。また、成果については、当社は平均営業職2名に対しクラーク職1名のペア体制を採用しているため、この営業職2名の成果ポイントを平均してクラーク職の成果にスライドさせます。

両者の協力体制が個々人の評価に反映されて、クラーク職の営業活動への認知と協力体制が醸成されます。

前記３つの側面（大項目）について正しく評価できるように、次表の通り職務能力と取組姿勢については４項目に、成果については２項目に細区分（小項目）しています。

	職務能力・行動量	取組姿勢	成　果
営業職	職務知識	計画性	短期的成果
	判断力	責任感	長期的成果
	行動量	チャレンジ意欲	
	指導力	協調性	
クラーク職	職務知識	マナー	正確性
	判断力	責任感	効率性
	対人対応力	チャレンジ意欲	ペアの成果
	指導力	協調性	

※　□□□□□□ 内は、営業職・クラーク職の独自（固有）の項目です。

職能等級表に基づき、小項目評価⇒大項目評価⇒評価ランク決定の手順になります。

● 小項目評価

　小項目それぞれに評価のポイントとして、例えば、職務知識においては、「担当業務を自ら行うのに必要な知識を身に着けているか。」といった着眼点を設定しています。同様に小項目それぞれに、次のようにａ～ｅの５段階評価をします。

> ａ：特に優れている
> ｂ：優れている
> ｃ：普通
> ｄ：努力を要する
> ｅ：特に努力を要する

● 大項目評価

　次に、小項目の評価を勘案して大項目の評価を決めますが、小項目の評価結果と大項目評価の間には、点数化するなどのルールは特に設けていません。これは、小項目の中で重点とする評価項目の評価を優先することや、長所主義でプラス評価するなど経営者の考えで柔軟に対応できます。

　大項目の評価は、小項目の項目にａ～ｅ評価したものを大項目において一つにまとめて最終評価を出します。小項目では、（ａ～ｅ）評価区分別にポイントが決まっています。営業であれば職務能力ａ：40、ｂ：35、ｃ：30、ｄ：25、ｅ：20、

取組姿勢 a：30、b：26、c：22、d：18、e：15、成果
a：30、b：26、c：22、d：18、e：15となっています。

● 評価ランク決定

「評価」欄を用いて大項目の評点を加算して合計点を出し、
評価ランクを決定します。これは大項目の合計点により、次の
ように区分しています。

A：91〜100　特に優れている
B：81〜90優れている
C：71〜80普通
D：61〜70努力を要する
E：50〜60特に努力を要する

この評価ランクにより、給与テーブルの評価給が決まります。

例えば、評価給部分がAランク＋10％、Bランク＋5％、
Cランク±0％、Dランク−5％、Eランク−10％といった具
合に昇給・降給が決まります。

b．等級評定（職能給対応部分）

経験や単年度評価の結果など一定条件を満たした者に対し、職務
遂行能力に基づき等級評定（昇降級）を行います。単年度評価が単
年の能力の発揮度の評価であるのに対し、等級評定は入社以来蓄積
された能力の保有度を評価するものです。等級が上がれば昇格、下
がれば降格であり、それに連動して給与の職能給が上下することに
なります。

Ⅲ. 保険代理店における経営改革

　等級評定は全員に毎年行うものではなく、次の条件を満たす場合に実施します。

● 上位等級への等級評定（昇格）の対象者
　・等級別の最短年数を満たしている
　・等級評定実施時の単年度評価における評価ランクがAである。

最短在留年数	
1 等級	2 年
2 等級	3 年
3 等級	4 年
4 等級	4 年
5 等級	4 年
6 等級	4 年

＊「最短在留年数」とは、ある程度の期間一定の等級に在留させ、教育訓練、自己啓発により、各人の職務能力をじっくり養ってもらうことが望ましいことから、一定期間は上位等級に昇格できないルールです。

● 下位等級への等級評定（降格）の対象者
　・等級評定実施時の単年度評価における評価ランクがEである。

● 職能等級表
　職能等級表及び下記の職能等級概念記述に基づき、どの等級に格付けするのが適当か判断します。

> 1等級…自らの業務について、上司の指示を仰ぎながらも、ほぼ自立して行うことができる。
>
> 2等級…自らの業務について、ほぼ自立して行うことができる。
>
> 3等級…自らの業務は自立して対応し、下位者の指導も行うことができる。
>
> 4等級…自らの業務は申し分なく対応し、下位者の指導・管理も行える。
>
> 5等級…組織全体に目が行き届き、下位者に対し適切な指導・管理ができる。
>
> 6等級…経営者的な視点から、問題点の把握・分析、対応策を立案し、実行することができる。

●等級評定における評価区分と昇・降格

等級評定における評価区分は以下の4つになっています。

> 優 ：上位等級の業務に十分対応できる（上位等級へ昇格）
>
> 良 ：上位等級の業務に対応できる　　（　　〃　　）
>
> 可 ：現等級維持が相応しい　　　　　（ 現等級のまま ）
>
> 不可：現等級の業務に対応できていない（下位等級へ降格）

　従って、上位等級へ昇格する場合の評価は、優・良のいずれかが要件になり、下位等級に降格の場合は、不可が評価の場合になります。また、各等級の職能給部分は報酬としての重なりはなく等級間の月額報酬の差額は25,000円から4,000円程度あるので

下記のように評価給部分で調整します。

等級変更があった場合には、単年度評価のランクについて、次の通り調整します。

等級評定を「優」で上位等級に昇格する場合は、評価給対応部分を「C」評価として等級評定部分のみの昇給とする。

等級評定を「良」で上位等級に昇格する場合は、評価給対応部分を「D」評価として評価給を少し下げる。

等級評定を「不可」で下位等級に降格する場合は、評価給対応部分を「A」評価として評価給を上げる。

これは、給与の大幅な上下を防ぐために評価給で調整するのと、同じ昇格でも優と良の評価で差を設ける意味があります。

等級評定	単年度評価ランク
優	上位等級のC
良	〃 　D
不可	下位等級のA

③人事考課結果のフィードバック

人事考課制度は単に処遇の決定のみを目的としたものではなく、社員の育成に資するものにするという観点から、考課のフィードバック（考課結果は口頭での伝達）が大変重要です。この際には、考課結果（等級・ランク）のみを伝えて終わるのではなく、優れていた点や改善すべき点、および今後の課題等について十分な対話を行うことにより社員に認識させ、具体的な能力開発につながるよう努めています。

a．フィードバック・社員アンケートの目的

　　フィードバック・社員アンケートは、既に記述の通り、人事考課の限界に対する補足策として、次の通り実施しています。

☆フィードバックは、社員間の評価という意味ではなく、お互いをよく見て助け合うことを目的としています。

☆社員アンケートは、社員が経営者の判断や会社の施策をどのように評価しているかを知るためのものです。

b．実施方法

次の通り年間１回実施します。

☆フィードバックは年度初め（年度が４～３月の場合、４月か５月実施）全体会議等で一斉にフィードバック用紙に全員分を記入させる。その後に集計して５月の評価時もしくは個人面談時に本人分のみの分を使用します。

☆社員アンケートは随時（年１回必ず行う）所定のアンケート用紙に無記名で記入の上、提出させる。集計をする人は、できれば社外の人（例えば、税理士事務所、社労士等）が望ましく、集計した結果を店主と社員に共有する。

　　社員アンケートの実施上の注意事項としては、社員に正直に回答してもらうために無記名にすることです。本音の経営者評価を求める訳ですから、慌てて実行せず、ある程度改革が進んで組織が落ち着いてから実施してください。今すぐやると、頭に来たり経営者をやめたくなるようなアンケート結果になる場合が多々あります。また、このアンケート内容を毎年充実させて組織改革を進める材料にして下さい。

（2）報酬体系

①能力主義と年功制

　　給与の基本給を決める要素として、属人的要素（年齢、勤続年数、学歴）と、仕事的要素（職務遂行能力）の２つがあります。前者を年功給、後者を能力給と呼ぶことができますが、我が国の企業の給与システムは、従来の「年功制」から「能力主義」へ大きく転換しつつあります。それは、経済が高度成長を終え、右肩上がりの成長が約束されない状況となった今日、年功制における次のような問題点が顕著になってきたからです。

　　☆社員の年齢上昇により賃金コストが年々大きくなる。

　　☆能力と賃金額に格差があると、特に若年層のやる気を喪失させる。

　　☆年功給で将来の生活保障があると、安易な仕事の遂行になる。

　　これらの問題点については、代理店業にも同様に当てはまるものであり、特に比較的規模の小さい組織である代理店においては、一人ひとりの能力活用が重要なことからも、能力給を基本とするのが望ましいと言えます。

②能力主義と業績主義（歩合制）について

　　「能力主義」でいう能力は顕在化された職務遂行能力、即ち、仕事ができる能力を言いますが、仕事と処遇、業績と処遇の関係付けはどちらかというと間接的で、短期的には仕事・業績と処遇は一致させないのが一般的です。能力主義の人事・処遇制度は、中長期的に見てそれらを一致させることを前提に成立しており、短期的な結果だけに目を向けるのではなく、中長期的観点からじっくり人材を育て、その上で育成、開発した能力を適材適所で発揮してもらい成果・業績に結び

つけていく考え方です。

　一方、「成果・業績主義」（歩合制）は、短期的な結果を重視し処遇に反映させる考え方で、一見合理的なようですが、短期的な成果は個人のみの力で出せるわけではなく、以下のよな要因で大きく左右されます。

　　☆外部要因（好景気による顧客企業の好業績、不景気によるお客様の倒産、天災、保険料の引き下げ、直販・通販会社の他チャンネルの参入等）

　　☆内部要因（店主のアドバイス・サポート、ほかの社員の協力、担当の変更等）

　　☆本人要因（病気、けが、個人的な悩み等）

　更に、経営規模が小さければ小さいほど成果・業績が大きく変動しやすいことや、本当の意味の組織化にならないことを考えると、「能力主義」に重点を置いた給与体系が望ましいと言えます。

③総額賃金管理

　給与を支払う際に経営者として留意すべき事項として、総額賃金管理（組織全体の賃金総額の管理）があります。この管理手法としては、保険ネットワーク・センターでは、労働分配率による方法を考えています。これは付加価値（事業活動の結果、新たに生み出された価値＝代理店手数料）に労働分配率（代理店手数料の中から支払われた、賃金、社会保険料、厚生年金保険料の会社負担分などの割合をいう）を乗じ、適正賃金総額を算定するやり方です。代理店業の場合、労働分配率（役員報酬含む）は55％以内が目安と考えます。

賃金総額（役員報酬を含む）ファンド＝代理店手数料総額×55％

　ここで算出された賃金総額には、経営者・役員に支払われる役員報酬や役員賞与（社保、厚生年金会社負担分含む）も含まれますので、社員だけに支払われる賃金総額は、役員分をマイナスする必要があります。

④賞与（ボーナス）について

　賞与には報償金的性格や、企業の利潤配分的な性格がありますが、業績変動リスクに対応し、賃金総額を調整する安全弁的な機能を与えることもできます。すなわち決算の結果、思うように手数料収入が伸びなかったり減収したため、当初予定していた賃金総額の支払いが難しい見通しの場合、その調整を賞与支払額で行うことが可能です。特に、昨今手数料ポイントの増減が大きくなってきている状況の中で、このように調整弁的機能をもつことは、代理店経営をより安定させることができる一方、社員にとっても毎月の給与（月例給）は生活給として保証されるメリットになります。調整弁的機能という意味では、役員報酬もその機能を持っています。

＜賞与金額の決め方の例＞

　社員給与ファンドの内、15％～20％を賞与分として、決算の結果、賃金総額の調整が必要であれば賞与ファンドで調整（増減）をします。社員個々の賞与金額決定方法は、社員毎の年間月例給合計額に応じて、賞与ファンドを案分する方法が簡便かつ納得感も得られやすいと思います。金額を賞与支給の都度、査定するという方法もありますが、評価スキームが複雑になりますので、避けたほうが良いでしょう。

Ⅲ．保険代理店における経営改革

　代理店の皆さんと話す中で、社員の報酬体系は最も興味を引く話題の１つです。単純に言えば、固定給か業績連動給のどちらが望ましいかということになりますが、その前に報酬の意味を考えてみたいと思います。

　社員にとって（もちろん経営者にとっても）報酬は重要です。自分や家族を食べさせるだけでなく、快適な住まいを持ったり、旅行に行ったり、子供に教育機会を与えるために必要です。報酬が不充分であれば、このような欲求を満たすことができないため、離職したりモチベーションが下がり業績に影響が出たりします。また、満足できる報酬レベルで無ければ、優秀な社員を採用することができず企業の能力が減退します。

　つまり、良い人材を採用するため、社員を維持するため、それを通じて会社の業績を向上させるために、よく考えられた報酬体系を導入する必要があります。

　まず、報酬のレベルですが、優秀な人材を採用するために、営業している地域の中小企業の平均給与の20％から30％程度高く設定することを薦めます。保険という高度な商品や法律の知識等が要求される金融商品を扱うのですから、当然報酬はある程度高めに設定すべきだと考えます。給与が低いために離職が続くと、営業社員が頻繁に変わり「社員が定着しない会社」というイメージができて、お客様の信頼を失うことに繋がります。また、欠員状態にあると他の社員の負担が増え、残った社員の離職リスクが上がったり、お客様に対するサービスレベルが低下することになります。一方、少し高目の給与は社員のプライドを向上させる効果もあり、会社のビジョンや営業プロセスを徹底することにも寄与します。

固定給か業績連動給かということでは、基本部分は固定給で昇給やボーナスには業績を反映させるという方法をお薦めします。業績連動の部分が大きくなり過ぎると、個人プレーになりやすく、組織がチームとして成果を挙げるという考えを浸透させにくいというデメリットがあります。社員にとっても、給与が毎年変わるのでは安心して働くことができません。ただ、年功序列はお薦めできません。会社の方針を守り、業績が継続的に良い社員は年齢に関わらず報酬を上げるべきです。そのためにも、給与体系をオープンにしておく必要があります。絶対的報酬レベルが低ければ兎も角ですが、ある程度のレベルであれば、社員はレベルの高さより同僚や上司との給与との公平性を一番気にします。どうしたら自分の給与が上がるか、他の社員の給与がどうやって決まっているかが分かっていれば不満が出にくくなります。

業績に関しては、組織内にチームワークを醸成するためには、営業担当者個人の業績だけでなくクラークを加えたチームの業績を加味した方が良いと思います。

今まで業績連動給だった代理店が固定給を基本にする給与体系に移すのには、相当の困難が伴います。一般的に言えば、業績連動給で高給を取っていた社員の報酬は間違いなく下げざるを得ません。これを受け入れさせるためには、不安定な給与体系から安定的給与体系に移ることのメリットを強調するとともに、その業績を支えていた他の社員の働きやオフィスの家賃など、会社が負担しながら社員があまり認識していない経費があることで納得させるしかありません。もし代理店経営者が真剣に中長期的に代理店ブランドを作ろうと思っているのなら、業績を挙げて高給を取っている社員が退職しても構わないという決意が必要になります。

企業化するのであれば、社員に対する健康保険や年金など社会保険を整備することは、優秀な人材の採用と社員の定着率や会社に対する帰属意識（ローヤルティ）を向上させる効果があります。社員が受け取っている報酬の他に社会保険料なども会社が負担しているのだということを折を見て話すことも、現在の報酬に対する納得感を醸成するのに役立ちます。

報酬に関しては代理店の経営者の報酬レベルも当然大事です。開示することが良いかどうかは意見が分かれるところですが、いずれにせよそれほど大きな組織でない場合は、暮らし振りなどで交際費などを含め経営者にどのくらい経費総額が掛かっているかが、肌感覚で分かってしまいます。組織を傷めるのは、額よりむしろ不平等感です。会社の収益の分配が仕事の量と質から見て納得できるものであれば、社員のエネルギーが充分発揮されます。経営者として会社の成長のために常々どんな考えで何をやっているかを説明して実行することで、納得性を高めるしか解決はありません。

（3）採用

①採用はコストか投資か？

人事考課の考え方や給与体系を考え決定したら、次はその評価に耐えうる人材の採用です。当社の採用基準や採用手順を述べる前に、人を採用する、雇用する側である代理店の姿勢が問われているということを述べたいと思います。

保険代理業においても、高齢化の問題が金融庁が取り上げるほど問題になっています。人を採用・雇用するということは、代理店にとって「コスト」でしょうか？　それとも「投資」でしょうか？　この違いは、採用・雇用する側の姿勢によって最終的に育成や後継の問題に発展し

ます。人・人材をコストだと思うと、なるべく安い給与で済ませたいとか、教育費用も削りたいという方向に動きます。このような姿勢は、採用した社員にも伝わります。そうなると育成もモチベーションもままならず、折角入社した社員が早期に退職してしまうことになります。

　採用を「投資」と考えるなら成長を願って教育もするし、生活を安定させるために固定給での雇用を考えるでしょう。最終的に定着率もよく成長も速くなります。人への投資は、事業を継続する経営者にとって欠かせないマインドだと思います。また、多くの代理経営者を見てきてはっきりしていることは、リーダーシップやマネジメントを真剣に考えている方は、採用を「投資」と考えていることが多いようです。逆にプレーヤーの観点から抜け出せない方は、「コスト」と考えている方が多いのも事実です。今まさに少子化や採用・雇用難の時代になり人材は貴重です。投資のマインドを持って採用・雇用したいものです。

②採用基準

　当社の採用条件は、一つだけ「人柄」です。

　では、人柄とはどういった基準で評価するかと言うと、何かテストをしたら判るものではありません。「人柄は顔に出る」と言います。面接で見た印象、話し方、表情、しぐさ、簡単な質問への返答等々を通じて、人柄が出る時を経営者として見逃さないように観察しています。さらに大事なことは、「お金への距離感」です。何か曖昧な表現ですが、大きい括りでは「品格」「人品」といったものです。ほとんどの場合、この点にその人の人生が現れるといっても過言ではないと思っています。採用面接ですから当然給与の話や、雇用の条件の話を

します。そこでその人が、何を重要視しているのかが見えてきます。例えば、お金にこだわっている人、生活の質にこだわっている人、人間関係を重視している人などが見えてきます。このような観察から、経営者として許容できる範囲の人柄かどうか判断します。

なぜ、人柄にこだわるか。会社を永続させるのに欠かせない条件だからです。能力開発や営業スキルを身に着けさせることは採用後の教育でできますが、持って生まれた性格も含めて人柄を代理店内の教育で変えることは難しいと考えています。だとしたら、人柄に関して代理店として許容できる範囲の採用基準が必要となります。そしてこれが、会社の人柄（ブランド・社風・品格）となるのです。

これからの代理店経営に欠かせないのが、組織的な活動（営業・学習・募集品質等）です。それをスムーズに行うには、社員の「人柄」が一定のレベルでそろっていると、常に前向きの組織運営になりやすくなります。

③採用手順

保険ネットワークセンターでは、採用面接を最低３回行います。

最初の面接官は、拠点のマネージャー・クラスが行います。前述の「人柄」を見るためいくつかの質問をします。ここでの注意点は、我々も面接に来られた方に逆に見られているということです。マネージャーの人柄、事務所の雰囲気、中にはトイレの清潔さなども観察されているということを意識して、面接の場を大事にしています。

２次面接は、拠点のマネージャーとクラークが同席の上で面接を行います。この時、クラークの視点は一つだけ、「この人と一緒に仕事したいか」だけを見る（感じる）ことです。

最後に、無事この2回の面接を通過したら、社長である私が面接を行います。経営者としてどのような心構えで面接しているかというと、重い言い方ですが、「誰かのご子息、ご息女の人生を預かる覚悟」で見ています。そんな重大なことかと思われた方もいると思いますが、その人の人生が全うできる会社を目指していますし、次世代に繋ぐ意味も込めています。

このように面接手順を書いていると、意外とアナログです。採用試験を用意したり様々な準備をされていたりする代理店の方を知っています。しかし、私はそれより、「感じること」や「肌が合う」感覚を大事にしてきました。結果的には、それで正解だったと思っています。参考にしていただければ幸いです。

多くの代理店では頻繁に社員を雇用する機会はないと思いますが、比較的社員数が少ないだけに一人ひとりの社員の果たす役割や組織に対する影響は大きいと思います。また、採用は多額の投資です。生涯の平均年間賃金を社会保険料を含めて5百万円としても、30年務めれば1億5千万円の投資になります。また、一旦採用すると辞めてもらうのが容易でないことは、恐らく多くの代理店が経験してきたことです。採用については慎重に対応するに越したことはありません。

まず、どのような人を採用するか決めることです。保険ネットワークセンターの成功例によれば、最も大事な要素は「人柄」です。代理店は販売会社ですので、ついスーパー・セールスパーソン候補を採用したくなります。しかし、長年の経験がある保険会社の営業研修生の育成状況を見て分かる通り、スーパー・セールスパーソンの採用を期待することは無理です。しかもその

ようなタイプの人は自分のやり方を持っていて、会社の理念や営業プロセスなどを無視して行動しがちです。結果、代理店ブランドを作る阻害要因となりかねません。ＧＥのＣＥＯだったジャック・ウェルチ氏が、業績を挙げるが企業文化に従えない社員より、業績がそこそこで企業文化を良く理解している社員にチャンスを与えると書いていましたが、正にその通りだと思います。私の経験でも、やたらに調子が良い代理店担当よりも、地道に代理店との約束を実行する代理店担当の社員の方が、最終的には良い結果を出していました。また、明るさも大事で、営業社員はお客様に「もう一度来てほしい」と思われなければなりません。清潔な明るさは最低限の要件です。

　保険の経験があるかどうかは問わないほうが良いと思います。即戦略になるということで経験者を採りたくなりますが、変なクセが付いていて自社の販売プロセスや仕事の役割を理解できないケースがままあります。逆に、自社にしっかりした研修プログラムがあれば、経験が無い方がビジョンや仕事のやり方を一から浸透させやすい面があります。即戦力という意味では、ターゲット業界を持っている代理店であれば、その業界出身者は魅力的です。業界の慣例や専門用語を知っていれば、顧客企業のことが良く分かっている社員として顧客開拓に活かすことができます。

　宮宇地氏によれば、実家が商売をやっている人は販売会社である代理店の社員に向いているようです。物を売る現場を実際に見て育った人は、確かにすんなり代理店業に入り込めそうです。

　ＩＴに強い若い人も大きな戦力になります。今後ＩＴ投資などを進める時に、システム専属ではなくても新しいIT技術を速くマスターして社内で教育ができたり、簡単なトラブル対応ができる社員がいれば心強いです。

Ⅲ．保険代理店における経営改革

　代理店では企業規模が限られているので、現存の社員と協働して働くことができるかは大事なポイントです。保険ネットワークセンターでは、採用プロセスの中にクラークの面接を導入し、一緒に働くことができるかチェックしてもらっているそうですが、チームワークの観点から見て大変面白いアイデアだと思います。

　クラークの採用面接には、初めに電話面接を試して欲しいと思います。クラークの仕事には事務関係のものだけでなく、お客様や見込み客、外部の業者からの電話対応があります。クラークが電話で明るい雰囲気を醸し出すことができれば、相手に会社の好印象を与えることができます。私がアメリカンホームなどで大規模コールセンターを運営した経験によると、話す内容や礼儀正しい言い回しは教育で徹底できますが、声のトーンや話し癖はなかなか修正できません。まず電話で面接をして、その印象が良い候補者から選ぶことは検討する価値があると思います。

　最後に、多くの人材の採用に関わってきた私の経験から言うと、「採用するかどうか迷ったら雇わない」ことが鉄則です。迷ったということは何か気になることがあるからです。それを解消せず採用すると必ず何か不都合が起こります。迷って採用する場合の多くは、欠員ができて困っている時です。採用に関しては、理想論かもしれませんが、会社の中長期の展開を見据えて早目に採用しておくことが不本意な採用をしないコツです。

（4）育成・教育
①初期導入教育
　　代理店社員教育と聞いて、皆さんが想像されるのは、販売研修や知

識研修ではないでしょうか。また、保険会社の協力を得て商品研修や
コンプライアンス研修をすることもあると思います。これからの代理
店経営においては業界に経験者も少なくなり、未経験の社員を採用す
ることが多くなると思われます。このような環境の中で代理店を永続
させていくには、代理店の中でどのような教育をするのかが最重要課
題となります。

　代理店内で社員の教育・育成プログラムを考えて、実行する能力を
求められます。もちろん保険会社が得意な商品研修やトレーニングも
ありますが、そこで代理店の企業理念やミッション・バリュー・ビ
ジョンの教育をしてもらえるはずもありません。最近では、保険会社
が代理店の社員を1年くらい預かり教育するプログラムがあるようで
すが、その短い期間においても従来型のプッシュ型のセールスを教育
され、しかも営業ノルマを負わされて結果的に代理店に戻る前に、保
険業界が嫌になり退職などということも散見されます。

　保険ネットワークセンターで重要視しているのは、初期導入教育で
す。細かい解説は省きますが、当社の初期導入教育プログラムの目次
と概算の研修時間を掲載します。

● 会社の歴史（1時間）
● あなたはなぜ仕事をするのですか（10時間）
● 想いを語る（1時間）
● 企業理念、会社案内スプリクト、ロール・プレー（20時間）
● 業務（営業）の確認とOJT（日常業務を通じた教育）（80時間）
● 業務（事務）の確認とOJT（80時間）

- 主な商品研修（64時間）
- セールス研修、循環型セールスプロセス（6時間）
- プロシージャー（情報提供用のツール）のロール・プレーとＯＪＴ（40時間）
- テレアポ研修（40時間）
- 事故事例研修とＯＪＴ（80時間）
- 全営業社員との同行ＯＪＴ（80時間）

合計502時間

　入社後約3か月の間、企業理念、創業の志から始まり「あなたはなぜ仕事をするのか」「世の中になぜ会社というものがあるのか」「なぜ売り上げを上げなければいけないのか」といった働くことの意味、意義、目的をしっかり考えてもらいます。

　上記のプログラムは営業職のものですが、営業社員であっても事務研修もしっかりやります。代理店の主な職掌は、営業職とクラーク職です。双方の仕事を理解して少しでも実務をこなすことには意味があります。人事考課のところで書きましたが、営業とクラークのペア制を引いているので、お互いの仕事の手順等を知っている、体験していることで、理解やコミュニケーションが良くなり協力関係の構築に役立ちます。

　座学とＯＪＴ（日常業務を通じた教育）の比率は、およそ50：50程度です。

　初期導入教育において重要視しているのは、トレーニングという文化を社内に定着させることです。そのために、新人はもちろんベテランであっても積極的にロール・プレーに参加させ、座学の中にも数多

くのロール・プレーを取り入れています。ＯＪＴにおいては新人がベテラン社員に同行して、お客様に会社案内や情報提供を行います。

②社内でのトレーニング文化の醸成

　　多くの代理店を見てきましたが、トレーニングの文化が定着している代理店は非常に少ないという印象です。仕事が属人的になっていて、できる人できない人、得意なもの不得意なものがはっきりしているので、生産性の向上などの組織的な活動に対し大きな障害になっていると思われます。

　　当社は社員数50人程度の、一般業種においては中小企業に分類される会社ですが、営業のトレーナー、事務のトレーナー各１名を配置しております。俗にいう非生産部門の社員です。

　　教育部門があるからこそ、人が育成できて組織の成長があると思っているので正に人的投資を行っています。もちろん少人数の代理店ではこのような専任者を雇用するのは難しいでしょうが、その場合は代理店経営者が教育者になるべきだと思います。私も創業間もない頃にプレーヤーをやめ、10年以上営業社員の教育育成をしてきました。このような意味を含めて、経営者はプレーヤーを早くやめなさいと研修やセミナーで言い続けています。

　　そう言われても、自分は教育育成などしたことがないのにできるのかと思われた方もいるでしょう。この質問への回答として、私の社員教育の概念を少し述べます。

　　まずは、自分自身の姿をさらして見てもらう育て方で良いと思います。皆さんも振り返っていただきたいのですが、自分を育ててくれた親にしても、親類の人たちにしても、学校の先生や先輩にしても、み

んな完璧な人たちではなかったはずです。これまで働いてきた経験からも、尊敬できる上司も、そうでない上司もいたでしょう。嫌な上司の下で働いたことがある人は、自分はあんな風になりたくないと思ったでしょうし、尊敬できる上司にも、ここだけはマネしたくないと思ってしまうような面があったのではないでしょうか。

　私たちはそういった「人間として完璧ではない部分」からも学んでいます。ですから自分自身も、自分は100％完璧な経営者・上司でないことを承知の上で、足りない部分も含め自分をさらけ出し、自分の考え方、理想、想いをできるだけつまびらかにして、社員にはそこから学んでほしいと思ってきました。このとき心掛けて欲しいのは、自分が3年後にはこの組織をどういう状態にしたいのかというビジョンです。そのためにはどういう想いやスキルを身につけて欲しいのかを訴えます。そうすると、今年は何をするべきか、来年は何をするべきか、といったことを経営者自身が頭の中でかなり細かく組み立てている必要が生じます。

　もっと言えば、30年後この組織はどうあってほしいのか。つまり自分がいなくなった後のあるべき姿まで想像して欲しいのです。

　また過去に多くの代理店の決算書や経営計画書を見せていただきましたが、教育費を予算化している代理店は見たことがありません。今後は、例えば売上の何パーセントかは教育予算として計上することに挑戦して欲しいものです。

　この本を手に取られた読者の皆様は、是非、教育で組織づくりや改革ができることを体感していただきたいと思います。

　あなたが代理店経営者であれば、今までのように営業社員（保険経

験者）を集めて組織化しようとするのは難しいと、この20年で経験したと思います。前述したように人は「コスト」ではなく、「投資」する対象です。人を採用育成できるようになると飛躍的に成長軌道に乗せることができます。また、経営者として人を雇用し維持することは、社会貢献です。

　あなたが保険会社の社員であれば、代理店向けの教育プログラム（採用育成、代理店経営など）が会社に整備されていれば、それだけで新規代理店開拓が可能な時代だと思います。多くの代理店が持っている、人が育たなくて次世代に引き継げないという課題が解消できるのなら、その保険会社と付き合いたいと思うでしょう。

　Ⅱ─4の販売の基本では、私の今までの経験と保険ネットワークセンターで採用している「循環型セールス・プロセス」を基にして書きましたが、実際に実行するのは、「人」、つまり代理店の社員です。従って、この基本を確実に実行できるように社員教育をしなければなりません。

　代理店の中に、自社で体系的に社員教育をしている会社はどのくらいあるでしょうか？　セミナーに参加するなど外部のトレーニングを適宜利用している代理店の話は聞きますが、自社で教育プログラムを持っているケースは少なく、社員の個性や個人のやり方に任せていることが多いのではないでしょうか？

　この本の初めの方で、代理店ブランドの時代になると予測していますが、そうなると仮定したら、大事なことは、全ての社員がお客様に自社の一貫した印象を与えられる体制です。大会社でもそうですが、ブランドというもの

はテレビ・コマーシャルなどでできるものではなく、お客様の一つひとつの体験の積み重ねで作られます。代理店において、お客様の体験は社員とのコミュニケーションです。個々の社員が勝手なやり方をしていたのでは、会社としてのブランドはできません。会社の理念に合致した対応をするように教育することは、代理店のブランド創りには不可欠です。

通販で学んだこと（4）分かり易さ、教育

　通販は対面と異なり、見込み客やお客様に実際に会って、表情やしぐさを見て理解の程度を推し量りながら相手に合わせた適切な説明をすることができません。そこで大切なのは、パンフレットや見積りサイトなどのセールス・ツールとコール・センターの対応です。

　セールス・ツールは保険に詳しくない一般の消費者でも分かり易いように、イラストの多用や業界用語をできるだけ使わないような表現を工夫しています。一言で言うと、お客様の立場に立ったツールを開発する努力を怠りません。例えば、セールスツールの原稿を消費者のグループに見てもらって助言を受けたり、特殊なメガネを掛けた消費者にサイトを見てもらって、視線がどのように動くかを分析することによって、パンフレットや見積りサイトのデザインを改善しています。

　今では当たり前になっていますが、ユニバーサル・デザイン等の分かり易い活字を使い始めたのも、恐らく通販保険会社が初めてです。また、申込書も代理店がサポートしながら書いてもらうことができませんので、見込み客やお客様自身が書いても不完全申込書にならないよう様々な工夫がされています。私も自分の契約で対面募集を前提としている自社の保険申込書に記入していましたが、恥ずかしながら保険を知っている人間でも簡単にはミスなく完全記入ができないような代物だったことがあります。このような状況では、消費者の中に保険は分かりにくいという通念ができてしまっても仕方あ

りません。

　分かり易さの追求という点では、ライバル会社のツールを取り寄せて自社のものとの比較検討もしています。以前ＧＥのＣＥＯだったジャック・ウェルチ氏は、"Not invented here. (自分が考えたものではないから採用しない)"という態度を経営の阻害要因だと書いていましたが、他社の良いものは、それよりさらに良いものを作れない限りは素直に真似するのが得策だと思います。

　通販保険会社にとってセールス・ツールは会社の顔とも言えるものであり、それで会社の印象—お客様の立場に立っているかどうか—が決まってしまいます。それだけに真剣に考えている訳です。

　通販保険会社は、見込み客やお客様の問い合わせに対応するコール・センターの応対にも大変力を入れています。「メラビアンの法則」によれば、視覚情報がない電話でのコミュニケーションは、対面で相手を見ながら伝える伝達効果を100とすると、45の効果しかないと言われるほど難しくなります。そのため保険の担保内容や料率の仕組みなどを分かり易くスクリプト（台本）にして、全員が同じ説明ができるようにしています。

　私の代理店担当時代に、お客様から少し難しい問い合わせが入ると「保険会社に聞いてから折り返します。」という対応をしている代理店がありました。通販保険会社に問い合わせをすると、そのようなことはなく、殆どその場で回答してもらえます。このような対応が見込み客やお客様にとって、「通販は意外にしっかりしていて安心だ。」という信頼を与えています。単に保険料が安いだけではお客様は決して通販に移りません。

　代理店でお客様の問い合わせにその場で答えられなかったら、通販に負けてしまいます。全ての社員がいつも同じように対応できるための社内教育の重要性は益々増しています。

教育プログラムをはじめから自社で作るのは大変な作業です。保険知識に関しては損保協会の損保大学課程や生保協会の大学課程という公式な教育システムが、教育内容や資格取得が精緻に設計されているので大変有効です。これらに合格すると、損保であれば「損害保険プランナー（専門コース）」や「損害保険トータルプランナー（コンサルティング・コース）」、生保なら「トータル・ライフ・コンサルタント」に資格認定され、会社案内や名刺に印刷することができます。また、投資型商品や相続などのコンサルティングには、日本ＦＰ協会のファイナンシャルプランナーの資格（ＣＦＰ、ＡＦＰ、ＦＰ技能士）を取ることもお薦めします。お客様の立場からは営業社員の質を判断することが難しいため、資格を取得していることを示すことで安心感や信頼を醸成できます。加えて、代理店社内で資格取得を奨励することは、学び続ける企業文化を創ることにも効果があります。行動面の教育であれば、教育熱心な保険会社のサポートや、保険ネットワークセンターをはじめ教育に成功している代理店のやり方をまず真似ることが良いと思います。

個人的には将来このような資格者を有する代理店が当たり前になり、そうでない代理店はお客様の信頼を得られない時代になると考えています。

営業組織としての代理店に必要な教育は、最終的にはリスク・コンサルティングを通じたお客様とのコミュニケーションです。一貫したコミュニケーションができるために効果的なのは、ロール・プレーです。人は皆、自分流に物事をやりたいと思っています。ある程度経験を積んだ社員は、今更ロール・プレーなどは必要ないと思いがちです。しかし、その状態を放置すると社員一人ひとりが自分独自の方向に進化してしまい、お客様によって代理店のイメージが違ってしまいます。会社案内から、リスク・コンサルティングのアプローチ、商品説明まで全てをスクリプト（台本）化して自然に話

せるようにすることで、組織としての一貫性つまりブランドが創られます。もちろんお客様の反応を見ながら、会社として常にスクリプトを改善する努力も必要です。

宮宇地氏が実践している「生産性向上のコツ」（2）ロール・プレー

保険会社の研修生出身の代理店は、研修生時代に毎日の様にロール・プレーをさせられた記憶があると思います。もしかすると思い出したくない嫌な記憶なのかもしれません。しかし、営業担当者にとって見込み客やお客様を訪問してリスク・コンサルティングや保険商品の説明をするのは、役者が舞台に立って演技をするのと同じことです。役者が厳しい稽古を通じて、台詞や演技を覚えてからはじめて舞台に上がるのと同様、営業担当者も何をどのように話すかを練習して見込み客やお客様に臨む必要があります。そうでなければ、言うべきことを言わずに帰って来て誤解を生んだり、その場で質問に答えられずに信頼を失ったり二度手間になったりする羽目に陥ります。

ところが代理店の経営者に聞いてみると、自社の営業担当者にロール・プレーを実施している代理店が少ないのに驚きます。営業社員が見込み客やお客様に何を話すかは営業社員任せで、何を話しているかのチェックもしていないようです。保険募集における質の向上が強調される中で、これでは意向把握・確認や情報提供が不十分だったということで、お客様から責任を追及されるリスクを抱える可能性があります。

保険ネットワークセンターは、商品の説明だけでなく会社の理念などの案内も、スクリプト（台本）を作成して全ての営業担当者にロール・プレーを課することで行動を標準化しています。ロール・プレーと言うと「ここが良くない」とか「もっとこうしろ」などと他人から言われるから嫌だ、ついやらなくなるという傾向があります。しかし、この点も上手に解消してロール・プレーの苦手意識を払拭しています。それはスマホ動画でロール・プ

レーを撮影して、本人が自分で見るようにすることです。ロール・プレーの相手になった人は、聞かれない限り決してコメントや指導をしません。自分のトークを見ることで、自分で課題を見つけて改善するという方法を採っています。人間は他人に欠点を指摘された時には、拒否から始まり素直に受け取れないことが多いのですが、自分で気付けば直せます。そんな心理をうまく使っています。

　自分ではできているつもりのことが、ビデオを見るとできていないというのは、私のゴルフ・スウィングでは度々起こっていることです。ロール・プレーでも同じですね。

　今まで自社でロール・プレーを実施したことが無い代理店が、いきなり始めるのは簡単ではありません。各保険会社は、商品それぞれに基本的なスクリプトを作成しているのが普通です。保険会社のサポートを得ながら導入するのが安全で良いと思います。

　これからの代理店が差別化をするためには、特に中小企業開拓では、新しい時代の新しいリスクに対応する、リスク・コンサルティングと新しい保険商品の知識が必要になります。新しいリスクの例としては、個人情報漏洩、サイバー攻撃、長時間労働やハラスメント、食品異物混入などです。所謂新種保険で対応するリスクですが、今まで自動車保険や火災保険など伝統的な商品を中心に販売してきた代理店には、苦手意識を持つ方が多いようです。しかし、私は自動車保険を適切に販売できる代理店であれば、このような商品でも売ることができると言ってきました。何故なら、自動車保険は対人・対物の賠償保険、車両の財物保険、搭乗者傷害の傷害保険、弁護士費用特約などの費用保険を全てパッケージにしたものだからです。異なるのは事故の形態だけであり、自動車保険でやってきたように、事故例を学べば怖がらず

販売できるようになります。リスク・コンサルティングと言う以上、代理店は自社で全ての商品を販売できる力を付ける必要があります。

これまで損保における自動車保険や火災保険など伝統的商品から、新しいリスクに対応する新種保険への展開について触れてきました。保険の商品知識を学ぶことと同時に、忘れてはならないことは、この2種類の保険の根本的違いです。前者はお客様が既にリスクを認識していて、保険を手当てすることが必要だと考えている商品です。つまりリスクとニーズが顕在しています。それに対して後者は、お客様がリスクを意識していない、あるいは意識していても保険で回避できることを知らない、所謂潜在しているリスクに対する保険です。従って、販売の場面では、まずリスクを認識させることから始めなければなりません。伝統的商品を主に販売してきた代理店はこの点が苦手のようです。新しいリスクを、事故例などを利用してお客様に分かり易く認識させるスキルも教育の必須項目になります。

新たに社員教育を導入して営業のやり方を標準化する時に最も困難なことは、いままで各々自分の個性を活かして、ある意味で自己流でやってきた営業社員に受け入れさせることです。これは、ひとえに代理店経営者が自社の将来像をどのように考えているかにかかっています。代理店社員が一貫した行動をとって代理店ブランドを確立して、お客様に代理店のイメージを浸透させるのか、それとも単に個人の集合を代理店組織として考えるかということです。

勿論、経営には色々な考え方があり、どちらが良いという訳ではありません。私は全社の代理店ブランド構築をお薦めしますが、経営者の個性や代理店の歴史から無理な場合もあります。ただ、代理店ブランド構築を目指すの

Ⅲ．保険代理店における経営改革

であれば、営業社員全員が前述の営業プロセスやロール・プレーで取得した
スクリプトを徹底的に実行する必要があります。そして、そのやり方に賛同
できない社員が仮にお客様と共に離反しても、代理店経営の将来のために一
時的な売り上げ減は止むなしという覚悟をしなければなりません。

5．業務の標準化で代理店ブランドを創る

(1) 一貫した経営の「美学」がブランドを創る

　　　保険代理業もしくは営業（生保・損保）という職種には、従来標
準化という概念が議論されていませんでした。特に営業は個人の能
力任せというのが業界常識だったと思います。また、営業のスキル
にしても「断られてからが勝負だ」的な、ストレスの耐性を試すよ
うな研修プログラムしかなかったと感じています。「断られない方
法」を教えたのが、私が推奨する「循環型セールス・プロセス」で
す。ここで、保険販売のプロセスを社員個々人が習得してブランド
を構築し続ける組織として、どのように標準化するのかを書きたい
と思います。

　　　代理店経営において標準化には、２つの側面があると考えていま
す。それは「ブランド化するための標準化」と「生産性を向上させ
るための標準化」です。生産性を向上させるための標準化は、拙著
「次世代の代理店経営モデル」（現在、アマゾンの電子版のみで購
入可能）に詳述していますので、今回はブランド化のための標準化
です。

　　　少し横道から入ります。あまり知られていませんが、日本には

121

200年以上続いている会社が約3,000社あります。これは断トツの世界一位の数字であり、二位のドイツの800社に比べても、驚異的な数字だといえます。世紀を超えて持続してきたビジネスを可能にしてきたのは、戦後生まれた日本的経営よりはるか以前から日本人の心に存在する「美学」だと思います。価値観や基準の変化が加速する時代にあって、ぶれない軸を持ちたいと多くの人は思います。何か売りつけるために、次から次へと新しいテクニックを使うカメレオンのような相手から何かを買おうとする人は、昨今の情報化社会において存在しなくなるでしょう。一貫して軸を持つ信頼できる相手から購入したい、信頼できればリピートもするし、知人に紹介したくなります。

　ブランドと呼ばれるものが持っている軸はただ一つ。それは「美学」という軸です。ビジネスに信頼関係（関係の質）を求める世界的な潮流の中で、自分自身や会社をかけがえのないブランドとして確立するための、商売における実践的スキルとしての美学です。

(2) 「商売十訓」とスティーブ・ジョブズ

　事例として近江商人の「商売十訓」というのがあります。この中に「無理に売るな、客の好むものも売るな、客のためになるものを売れ」という言葉があります。これは、実に示唆に富んだメッセージです。無理に売ればお客様が離れる（プッシュ型セールス）ということは分かりやすいと思いますが、近江商人の教えは「お客様の好むものも売るな」と言います。マーケット・イン（ニーズに答えた商品を売る方法）つまりニーズを調査してそれを売るのが顧客満足ビジネスと言われてきたわけですから、好むものを売るのがなぜ

悪いのでしょうか。

　「自分が何を欲しいかなんて、それを見せられるまで分からないことが多いものだ」といったのは、アップル社のスティーブ・ジョブズです。顧客を虜にするアップル社の製品の特長を見事に表す言葉ですが、近江商人が言うレベルに非常に近いと私は思います。

　客の好むものを売るよりも、客のためになるものを売るマーケット・アウト（社会が本当に必要としているものを作って売る方法）という優先順位が意味する美学は、結果としてお客様の心の中にワンランク上のドラマを生み出すことになるのです。顧客を重視することから始まった顧客満足という素晴らしいアプローチが、いつしか顧客迎合になりやすくなってしまったのは、売り手側が「お客様の好み」という表面的で曖昧なニーズに付き合ってしまった結果だと思います。商品の選択肢があまりにも多くなってしまった保険業界において、本当に欲しいものを見失っている、あるいは本当に必要なものが分からない人は少なくありません。「お客様のためになるものを売る」この基本にして時代を超えたビジネスの知恵を、私自身も自分の美学として、また代理店ビジネスの基本として持ち続けています。

　この点を標準化することが、代理店ブランドの構築にもつながります。すぐに売り上げが上がりそうな表面的テクニックではなく、代理店の価値が上がるような本質的な知恵と、永続して使えるスキルをここではお伝えしたいと思います。「お客様のためになるものを売る」ということを実現するために、代理店経営においてどのようなことを標準化、仕組み化すれば良いのでしょうか。

(3) お客様を選ぶ

その前にもう一つ、伝えたいことがあります。

私は、代理店経営やコンサルティングだけでなく大口顧客との信頼関係作りや保険プラン設計に携わっていますが、もしかしたら他の方のセールスのやり方と大きく違うかもしれません。それは、「良いお客様にしか保険を売らない。」つまり、「お客様を選ぶ」ということです。誤解しないでください。別に性格云々の話ではありません。自分にとっての「良いお客様」、つまり価値観が合い、自分の仕事のやり方に接して喜んでくれる、そういう人としか商売をしないということです。なぜかといえば、「自分のミッションに忠実に仕事をする。」ためです。

世の中にはたくさんの価値観があります。一つの商品やサービスに求めるものも、人それぞれで全く異なります。どうしてもＡだという人もいれば、Ｂでなきゃダメだという人もいる。これと同じです。重要なことは、どんなセールスパーソンでも、すべての人に満足いただける商品やサービスを提供することはできない、ということです。もし「合わない人」にどうしてもモノを売るなら、どちらかが無理をして「合わせる」しかなくなります。言葉を換えるなら、言いなりになるか、押し売りするかです。これでは、仕事がうまくいく訳はありません。散々時間を使った挙句、最後にはご破算になります。仮に契約に辿り着いても、収支がマイナスになってしまったり、あるいは後日トラブルが起こったりと、問題は山ほど出てきます。

逆に自分からお客様を選ぶようにすれば、価値観の合う人脈をどんどん広げていくことができます。価値観が合っている人に専心し

て仕事をするのですから、仕事が楽しくなり、満足したお客様は確実にリピーターになってくれます。自分の「ミッション」に従って、自分の「志す」方向に忠実に良い仕事をし続ける。だからこそ「お客様を選ぶ」わけです。そしてもちろん、結果を出し続けることにも繋がります。

　そう聞くと、「そんな我儘なこと、できるわけない！」なんて反論があるでしょう。でも、別に私や当社だけがそんな方法をやっているわけではありません。それどころか、比較するのはおこがましいですが、日本一のリピーターを獲得しているあのエンターテイメント事業だって、お客様を選んでいます。

　そう、東京ディズニーリゾートです。ディズニーテーマパークの基本理念は「ファミリー・エンターテイメント」です。「家族全員が楽しめる」ということです。

　それに則って、ディズニーテーマパークでは"ＳＣＳＥ"という４つの行動基準を定めているそうです。優先順位が高い順に、安全（Safety）、礼儀正しさ（Courtesy）、ショー（Show）、効率（Efficiency）の４つの頭文字をとったものです。社員、つまり東京ディズニーリゾートで言うところの「キャスト」は、この原則をいかなる場でも忠実に守ります。そしてこれを実行するために、「お客様にもそれを理解してもらう」訳です。だから、ビニールシートを広げ、路上に寝そべっている人はいませんし、園内でお酒を飲み、クダを巻いているお客様もいません。そういう人には「ご遠慮願っている」というわけです。

　これも言ってしまえば、「お客様を選んでいる」「仕事自体を選

んでいる」ということです。理念に共感する人のみを顧客として迎え、彼らに全身全霊を尽くす。だから、東京ディズニーリゾートは自分たちの「ミッション」を遂行でき、素晴らしいブランド構築につながっています。そしてそれを受け止めた人たちが、ずっとリピーターとしてついてくる、というサイクルです。

「客のためになるものを売る」「お客様を選ぶ」ということについて、意味や目的を述べましたが、保険代理店として「ブランド化するための標準化」はどのようにすべきでしょうか？

私が代理店から学んだこと（8）お客様との相性

代理店と法人見込み客を訪問した後、保険のプランを作成して、代理店経営者に「いつ見積りを持って先方を訪問しましょうか？」と聞きました。すると、「あの社長とは気が合いそうもないから、見積りを出さなくて良いよ。」と言われました。私が驚いていると、「自分は代理店として相性が合うお客様とだけ仕事をしたいと考えている。実際、日本人全員をお客様にしたいとは思っていないし、できるとも思っていない。」ということでした。

代理店担当の私としては、営業成績を挙げるために少しでも成約の可能性があれば粘り強くアプローチしたいという考えでいました。しかし、現実を振り返ると、相性の合わないお客様はちょっとしたことでトラブルになり易いですし、継続などでも手間のかかるケースが多くあります。リスク・コンサルティングという立場から考えれば、代理店側からもお客様を選んで、選んだお客様には最高のサービスを提供するという、毅然とした立場で臨むのが良いのではないかと思います。

昔、三波春夫（知らない読者も多いでしょうが）が「お客様は神様です。」と言っていました。この言葉の真意は分かりませんが、保険料を払っ

ていただけるのなら誰でもお客様にするという考えが、リスク・コンサルティングという価値ではなく「お願い営業」に繋がり、代理店自体の価値を下げることになっているのかもしれません。

(4) 保険プラン設計思想の統一：プラン設計基準を決める

①保険プラン設計と代理店ブランド

　　保険代理店業界で何が一番標準化できていないか、それは代理店が組織として同じプラン設計思想、設計基準を持っていないということです。例えば、同じお客様に同じ目的で訪問した場合、代理店の営業社員の誰が行っても同じ保険金額の同じ保障を契約して帰ってくるでしょうか。営業社員によって設定金額にばらつきが出るのではないでしょうか。

　　同じ代理店ブランドの営業社員が出した結果が同じにならないと、その代理店はブランド化できないと私は考えます。営業（募集行為）の本当の意味での標準化が、どのような設計思想で、どのようなプランの設計基準を持っているのかを問われる時代になっています。改正保険業法の本来の目的や意味はここにあるのではないかと思います。

　　目に見えるルール・ベースが、意向把握・確認や情報提供、比較推奨等なので、お客様の希望を叶えることに終始（お客様の知識の範囲内に留まってしまいます。）していないでしょうか？　お客様が気付いていないリスクからも保険で守るという、本来の保険代理業（特に代理店）のミッションとは何かを問われている（プリンシプル・ベース）ように思います。

今、正に「お客様のためになるものを売れ」、「自分が何をほしいかなんて、それを見せられるまで分からないことが多いものだ」を実現するために、プロフェッショナル、専門家としての知識やアドバイスを求められている、そして代理店ごとのブランドとは何かを問われているのではないでしょうか？

どのようなプラン設計思想を持つべきかを考えるとき、それぞれの代理店の企業理念に通じるものでなければならないと思います。つまり、その設計思想を実現することが企業理念に通じ、その代理店のあるべき姿につながるような思想が必要です。それが個々の代理店ブランド創造になっていきます。

②保険プラン設計基準の事例：当社の企業理念「お役立ちの原点」

今日の社会の中で保険という商品を使わないで家族や会社を守ることができるでしょうか？　もし社会にとって絶対必要な物、保険商品を扱っているとしたら、私たちは正しい使い方、正しい家族の守り方、正しい会社の守り方を伝える義務や、公正中立にメーカー（保険会社）とお客様を取り次ぐ義務があるのではないでしょうか。今、私たちが持っているスキルを正しく使えば、人の役に立ち企業に感謝されて、社会に貢献することができます。

正しい家族の守り方、正しい会社の守り方と書きましたが、当社は、専門家として家族を守る仕組みを提供する、会社を守る仕組みを提供するという企業理念を持っています。

そこでどのようなプランの設計思想にたどり着いたかというと、個人であれば「現在の生活水準を維持すること」、会社であれば

「現在の事業規模を維持すること」です。

　事故、自然災害、火災、賠償、病気、けが、生活不安（介護・年金等）、労災、利益、ビジネスリスク（債権）、ＢＣＰ等々、をリスクのプロ、保険のプロとしてどのようにして生活水準や事業規模を維持するのかを考え、それを代理店独自の思想として具体的に仕組化させることです。

　では具体的に、この思想に基づいてどのようなプラン設計基準を作成しているのかですが、これには法人版と個人版があります。以下に法人版の一部（人、財物、利益、賠償、自動車の５つのリスクの、人の部分）をご紹介します。

a．法人にとって保険とは

　法人にとって保険とはどのような意味があるのでしょうか？　想定される様々なリスクに対して現在の事業規模を維持するために、どの保険に入らなければいけないのかという発想だけでよいのでしょうか？

　そもそも法人が保険に入るのは、大きな事故やリスクが発生した際、資金繰りが悪くなったり、資金繰りに詰まったりして、現在の事業規模が維持できなくなったり、場合によっては経営破綻に追い込まれるといったことがないように、財務対策としてそのリスクを保険会社に移転するという発想から考えるべきです。つまり想定されるリスクを財務的な視点から見て、会社としてどこまで保有できるのか、どのリスクを移転しなければいけないのかということは、個々のお客様で異なります。

　そのために私たち代理店が、帳簿上の資金についてだけでなく帳

簿外にある資産についても把握し、お客様がどのリスクを保有し、どのリスクを移転するのかといった判断をするために保険管理が必須になります。保険管理によって、現在どのリスクに対して保険で備えをしているのか、どのくらいリスクを保有できるのか、ということが見えるようになり、財務状況に合わせて必要な保険が何かを判断できるため、最小のコストで最大のパフォーマンスを得ることが可能になります。

このように法人にとって保険は、想定される様々なリスクに対して事業資金を備える一つの手段であると言えます。その資金は必ずしも保険からだけでなく、例えば借り入れなど他の手段で手当てしても現在の事業規模を維持できれば問題ないと言えますが、その判断は保険管理を通して初めて可能になります。

b．基準設定の目的

法人の5つのリスク（人、財物、利益、賠償、自動車）について下記基準を設けた目的は、当社の企業理念にある会社を守る仕組み（正しい会社の守り方）を実現するためであり、事業資金として備えるべき金額を設定しています。どのような事故が発生した場合でも現在の事業規模が維持できることが前提であり、当社としては、組織として誰が対応しても同じ結果になるようにプラン設計方法を標準化し、保険契約の締結権を有している代理店としての姿勢を明らかにすることにあります。当社の社員が、プロの代理店として誇りと自信を持ってお客様にこれを伝え、お客様からも当社に依頼すると、どの担当者でも必ず同じ基準で会社を守る仕組みが提供されると認識いただくようになることです。

Ⅲ．保険代理店における経営改革

『人に関わるリスク』：企業から見た労災事故（死亡時）の最大のも
のは、従業員のご遺族から裁判を起こされる
ことにあります。

≪裁判に発展した場合の企業にとっての問題点≫

●法的な問題で企業側が圧倒的に不利

⇒労働安全衛生法（最終改正平成29年法律第41号、同年5月31
日施行）：事業主は従業員に対しても労働者が過重労働により
心身の健康を損なわないよう注意する義務を負います。例えば、
年1回以上の健康診断をしない会社は違法。健康保持のために
就業場所の変更、作業の転換、労働時間の短縮などの必要な措
置をとらない会社は違法になります。

⇒労働契約法（2008.3施行）：使用者の労働者（従業員）に対
する「安全配慮義務」が明文化されました。そこでは、立証責
任は労働者から使用者に移りました。つまり企業側が労災事故
に対して安全配慮義務違反がなかったことを立証しなければな
らなりません。例えば、現場での管理、命令、指示は完璧で
あったか、日頃の安全教育、職長教育は徹底されていたか等を
立証しなければなりません。その結果ほとんどの場合、企業側
が責任を免れることはないと思われます。

●裁判での判決は、遺族に対して一括賠償になる可能性が高いこと。
しかも政府労災などの公的保険（年金）は一切考慮されません。

⇒一括賠償の考え方は、自動車事故での対人賠償と同じです。例
えば従業員35歳、妻と子供が2人いて年収500万円の場合、
約7,500万円の損害賠償となります。本来、政府労災から毎年
200万円以上の年金が遺族に払われますが、裁判で判決が出た

場合、企業側がそれらをすべて負担することになるため、年金支給はなくなります。（口頭弁論終結時に支給（給付）が確定している部分については損益相殺の対象）

- 裁判は長期（２年～３年）に渡る可能性が高く、その間の風評被害が考えられます。

⇒特に地方の企業は、従業員と裁判沙汰になって揉めているという噂が流れて、ブラック企業というレッテルを貼られることも考えられます。その裁判に費やす時間も大きくなります。最近では人材不足でなかなか人の採用が難しいと言われていますが、このような企業には良い人材はなかなか集まりません。

このように、裁判に発展するとお金だけでは解決できない問題が発生する可能性があるため、当社では裁判に発展しないように以下のような人保険の基準を設定しています。

c．人保険の基準

- 死亡保険金の意味合いは、ご遺族との示談金に充てるということ。そして、１日も早く示談を成立させること。つまり裁判に発展させないことを目的とする。

- 死亡保険金は法人が受け取ること。（そのお金を活用して示談を行うため）

- 代理店の役割は示談に持ち込めるだけの必要原資の確保と、訴訟前から支援可能な弁護士費用特約の付帯推奨をすること。

- 示談をするための死亡保険金として最低1,500万円以上は必要である。（政府労災から受け取る年金額を考慮したうえで必要な額）

事例：例えば従業員35歳、妻と子供が2人いて年収500万円の夫が亡くなった場合、逸失利益、慰謝料を合算すると約7,500万円となります。労災事故発生の原因は、一般的には会社側の問題だけでなく、被災された従業員自身にも問題のあるケースがほとんどです。そのため示談内容は、お互いが譲歩して仮に80%を会社側が補償する場合、その金額は6,000万円です。仮に20年間分の政府労災からの年金を算出すると約4,400万円、さらに労災特別支給金として初年度300万円が出るため、合計4,700万円となり、その差額の1,300万円を会社として示談の際に支払う必要があります。

● 従って死亡保険金が1,000万円未満の契約は原則お薦めしていません。ただし他契約がある場合や、いつでも会社として1,500万円以上の自由に使える資金があるといった場合は除きます。

● 上記理由から、労災認定が必須条件の労災総合保険では、死亡保険金支払い認定に長期の時間を要するため、このリスクに対応できません。

● 代理店として、法人のお客様が必要に応じて弁護士紹介等のお手伝いをしますが、それでも示談が成立しないで裁判に発展してしまった場合を考え、使用者賠償責任保険は必要だと考えています。保険金額は3億円以上を基準とし契約しています。（労災事故の発生は1名とは限らないため）

● 使用者賠償責任保険についても、裁判の一括賠償に耐えられない5,000万円未満の契約は販売していません。

● 死亡保険金の法人受け取りに対して、先に企業の立替えが必要であるという商品についてもこのリスクに対応できません。

- 役員は24時間補償とすること（就業時間中と時間外の区別が難しいため）
- 入院補償は福利厚生の意味合いがあります。具体的には労災事故により仕事を休んだ場合、政府労災から休業補償として給料の6割＋特別支給金として給料の2割の合計給料の8割が補償されます。つまり会社としては休業補償として残りの2割と慰謝料としての補償を上乗せすることで、仕事に復帰することを前提とした福利厚生になります。そのため慰謝料部分を含め2割から5割の入院補償を手当てすることが妥当となると考えられます。
- 通院補償は原則不要。通院の場合は仕事に復帰可能な状態にあるため、休業補償や慰謝料といった福利厚生として必要は無いと考えています。
- 被保険利益は法人になっているか確認をすること。（裁判例として、傷害保険に加入していた法人が、死亡保険金を受け取りそれを従業員のご遺族に支払ったが、傷害保険は被保険利益が従業員にあるため、福利厚生費と認定され損害賠償額から控除されなかった事例がある。）

このように、人に関わるリスクには、一つの保険契約の中に、死亡保障といった会社からの賠償事案を考える要素と、入院補償にみられる福利厚生の要素が存在しています。

d．客のためになるものを売るブランド

プランの設計基準とは、保険金額をどうするか、いくらで契約するかといったものではなく、最低基準としてとか、財務からみて例えば使い道を限定しないフリーのキャッシュフローがいくらあるか

ら保険金額の調整をするとか、地震保険は縮小てん補方式ではなく支払限度額方式（実損払い）を基本とするとか、車両保険は固定資産台帳を基に償却と車両保険金額を勘案しながら会社別の基準を策定していくとか、個人であれば対人や対物に無制限という保険金額を設定しているのに、身内に対して人身傷害保険はなぜ無制限でないのか、医療保険は実損払いを基本とし傷病手当の不足分を日額設定する、といったように「なぜ」「どうすれば」といったことを、お客様に理解いただいて納得して安心してもらえるようにすることです。

　これが「客のためになるものを売れ」「自分が何を欲しいかなんて見せられるまでわからないことが多いものだ」に繋がります。もし、どうしても理解を得られない、もしくは我々が「これでは生活水準、事業規模を維持できない」と判断したら、こちらから断る勇気も必要なのではないでしょうか。企業理念から通じるプラン設計思想、設計基準に共感頂いたお客様に、本当のおもてなしをする。これこそ、プリンスプル・ベースに則った「顧客本位の業務運営」だと確信しています。

　このように専門家として、同じ保険代理店のブランドを背負っている営業社員が、保険種目の目的、意味、意義などを同じレベルでお客様とコミュニケーションできることが、その代理店のブランドを醸成していくことになります。

　このブランド化するための標準化は、営業職はもちろんクラーク職も含めてトレーニングし定着させていきます。このようになっていくと、新人でも保険を掛ける意味や保険金額に対する迷いがなく

なり、真の意味で保険募集の役割が果たせていくのではないでしょうか。

6. 生産性の向上

(1) 社員のあり方

まず「あなたの仕事は忙しいですか？」という質問です。

「はい」と答えたあなたは、残念なセールスパーソンである可能性が高いです。なぜなら、できるセールスパーソンは例外なく余裕があり、しかも楽しく仕事しているのです。なぜ、そんな違いが歴然となるかと言えば、残念なセールスパーソンが人から与えられた目標の達成に向けて他人のペースで仕事しているのに対し、できる人は自分が決めた目標を達成するために自分のスケジュールで仕事を進めるからです。

時間の使い方を自分自身で決めていると時間の使い方に無駄が生じず、しかも仕事そのものが楽しくなります。反対に、他人に時間の使い方を決められると、無駄な時間が多くなり、しかも仕事は楽しくなくなるものです。成果は時間を使った行動に付随する結果に過ぎません。

さて、あなたは次の「営業の鉄則」のうち、いったいいくつ実行できているでしょうか？

☆ 顧客第一主義（顧客の選り好みをしない）

☆ スピード対応（顧客に呼ばれたらすぐ飛んでいく）

☆ 顧客満足向上（顧客の要望に可能な限り応える）

３つ全部に当てはまる人は、一見理想的なセールスパーソンです。しかし、それは顧客にとっての「便利」なセールスパーソンです。そういう人は残念なことに結果が散々になることが多く見られます。その理由を個々に説明します。

☆　「顧客の選り好みをしない」とは、こちらが付き合いたい顧客ではなく、相手に言われて付き合わねばならない顧客と付き合っているということになります。意思の疎通がうまくいかない顧客ばかり相手にしていると、自律的なスケジュールが組めません。

☆　「呼ばれたらすぐに飛んでいく」と使い勝手がいいと思われてタダ働きが増え、結局時間を浪費することになります。

☆　「要望を聞いてばかりいる」と相手に軽く見られ、いくら時間を費やしても結果につながりません。

つまり、こんな鉄則を守って、相手に合わせた時間の使い方をしている限り、残念なままの状態から抜け出せない可能性が高くなります。守らなければならないのは、前述の設計思想、プラン設計基準です。つまり仕事に対する姿勢を問われる時代になり、その姿勢を鮮明にすればするほど、その代理店はブランド化するのです。

(2)　終身担当制からエリア担当制へ

代理店としてインフラや人への投資、教育を続けて存続、成長させるためには、利益が必要となります。利益を出せる体質に変えるためには「生産性」の向上が必要不可欠です。

既に単に経験者を集めて代理店の規模を拡大するのでは利益が見込めない状況になっています。もちろん、アップ・セルや生保損保のクロス・セル、単価の高い法人開拓など、代理店としてインフラや人への投資、教育を続けて存続、成長させるために手は打っていると思いますが、飛躍的な生産性向上には至っていないのが現状ではないでしょうか。細かく見てみるとこれらは全て営業社員単位の生産性向上策です。組織化した代理店の仕組みとして、違うやり方で対応する方法があるのではないでしょうか。

生産性を向上させるには、本来細かいことを1ミリ1ミリ積み重ねていって向上させるものでもありますが、組織化を目指した代理店であれば、仕組みを変えて劇的に生産性を向上させる方法があります。

それは、営業社員を終身顧客担当制から、エリア担当制に変更することです。つまり顧客担当か地域担当かという問題です。今までは顧客を開拓した社員が生涯その顧客を担当するのが業界の常識でした。これからは担当者の変更や時には異動をしてエリア（地域）で担当させて、生産性の向上を図る取り組みが必要になります。保険募集の仕事は、基本的に労働集約型の仕事です。多くの顧客を担当し新規開拓からメンテナンスまで細かく仕事があります。ということは、地理的にできるだけ狭い範囲で多くのお客様に面談できる仕組みが必要です。エリア（地域）担当制にすると、当然、移動距離が短くなって面談に多くの時間を充てられるため生産性の飛躍的向上が見込めます。

私の印象では、大規模な代理店は大都市ではなく地方の小さな都市に多いという傾向があります。これは、小さなエリアをくまなく

繰り返し訪問したことにより、顧客の深耕が進み（信頼関係が増し）、口コミが広がり、結果的に代理店ブランドが構築されて、地域シェアと生産性が高まったためと考えられます。

このように生産性向上の策としてエリア（地域）担当制を導入するということは、実は簡単ではありません。単に個人代理店の寄せ集めではない組織化に取り組まなければ実現できない仕組みですが、実現できれば代理店の将来も見えてくると思います。

どのような組織を作るかから始まり、人の評価（人事考課）方法、報酬体系（固定給化）、採用、育成、教育、標準化を経て、飛躍的に高い生産性を実現できるエリア・マーケティング営業に至ることができるのです。

厳しい言い方ですが、近年明らかに保険代理店ビジネスモデルが変わってきています。今までの延長線上に未来は描けません。現在の資源を最大限に活かした代理店変革モデルが必ず必要になります。

営業担当替え

営業活動を標準化すると、上記のエリア別担当制などのように営業担当者の担当顧客を替えることができます。代理店の多くは、営業社員が一定のお客様をずっと担当していてそれを替えていません。Ａというお客様はＸという社員がずっと面倒を見るという体制です。これはお客様から見ると確かに安心感があります。付き合いが長くなれば、お客様や契約のことを熟知しているはずだからです。

一方、この体制ですとお客様が会社としての代理店ではなく、営業社員個人に帰属してしまいます。結果としてよく聞く話は、営業社員がお客様を連

れて独立してしまうことです。独立されると、売り上げが減少し、家賃等の固定費負担が大きくなり代理店経営を圧迫するばかりか、お客様の帰属を巡るトラブルに巻き込まれます。

お客様の担当を替えることには、この独立リスクを回避できると同時に、様々なメリットがあります。

まず、担当を替える余力がある代理店、即ち組織で営業している代理店という安心感を与えることができます。担当を替える時、新しい担当者と連絡がつかなければ、今までの担当者がある程度フォローできるとお客様に説明しておけば、実質的に担当2人体制という信頼のイメージになります。現任と前任、2人の担当者が同じ様な行動でお客様に対応できれば、教育が行き届いている会社という良いブランド・イメージもできます。

営業社員の立場では、前任者と協働することで休暇を取りやすくなります。政府は「働き方改革」を進めています。少子高齢化が進んで人材不足になりつつある環境で、中小企業である代理店が有能な社員を採用するためには、長時間労働の有無や休暇の取りやすさ等がより重要になりますので、優秀な社員の採用や社員の定着率の向上が図れます。

また、業績向上につながることもあります。これは、保険会社が代理店担当者を替えた時にも経験することですが、新任が前任者と違った視点でお客様を見ることができるからです。標準化された営業のプロセスを全員が実行していても、長い間担当を固定するとどうしても思い込みができてしまいますので、担当替えで新陳代謝することには意味があります。保険ネットワークセンターの経験によれば、担当を替えることで飛躍的にクロス・セルの結果が伸びるケースがよく見られるということです。

生産性の向上

　企業の成長はまず売り上げを上げることです。保険代理店は販売会社ですので、会社の資源をこの点にどれだけ集中できるかが成功のカギになります。保険業法改正により募集における時間的負担が増加することは避けられませんので、生産性の向上に焦点を当てて取り組む必要が生じています。

　生産性向上の要素としては、（ア）効率的な時間の使い方、（イ）複数契約の満期を統一する、（ウ）顧客単価を上げる、（エ）例外を作らずお客様に自社のやり方に合わせてもらう、などがあります。

　保険ネットワークセンターでは、営業社員が純粋に営業できる時間を最大にする活動時間ために以下のような工夫をしています。

（ア）効率的な時間の使い方

▶ クラークの仕事の役割を広く規定して、営業サポートを強化する。例えば、継続契約のお薦めプラン作り、継続の訪問予約、申込書のチェックなど一部の代理店では営業社員が行っている業務をクラークの仕事としている。

▶ 地域別に営業担当者を配置することによって、非生産的な移動時間を削減する。

▶ クラークが既存のお客様からの問い合わせに対応する。

▶ 顧客毎に標準フォームを使用したファイルを作成し、誰でも問い合わせに対応できる体制を作る。

▶ 事務関係やレポートなどに関しマニュアル作成や標準化をして、知識の共有を図る。

▶ 営業社員が訪問先で費やす時間を標準化して、その時間内で要件を済ませられるようにロール・プレーなどを通じて徹底する。

Ⅲ. 保険代理店における経営改革

宮宇地氏が実践している「生産性向上のコツ」（３）満期更改の順序

　私はＡＩＵや富士火災の代表者時代に、代理店を訪問して直接話を聞くのが好きでした。そのような時に「満期の案内をどのような順序でしていますか？」と質問すると、質問の趣旨が分からずキョトンとして答えられない代理店経営者が殆どでした。「まさか、連絡を取れたお客様からとか、満期日が近い順からではないでしょうね。」と続けて聞くと、「他に方法があるのか？」という顔をします。

　宮宇地氏が経営している保険ネットワークセンターでは、満期月の３か月前に保険会社から満期の一覧表が届くと、まず地域別に分類します。次に、お客様の地域ごとに訪問日を決めて、それに合わせたアポ（訪問予約）を取ります。つまり、今日は北の地区のお客様を徹底的に回り、明日は東の地区のお客様を訪問するという訳です。これは営業活動の中で最も生産性が低い移動時間を最短にするという考え方です。これをしないと、前日に時間を掛けて北の地区のお客様を訪問したにもかかわらず、今日も同じように北の地区に出掛けるということになってしまいます。満期の顧客訪問を戦略的に考えて、無駄な移動の時間を最小限にすることで、新規獲得のための時間を創出することができます。

　アプローチの方法は異なりますが、他にも同じように移動時間に注目している代理店経営者と話したことがあります。その方は、営業担当者のガソリン代を定期的にチェックして、効率的に訪問できているか管理していました。経営感覚の鋭い代理店経営者が、会社の生産性向上のために自分で考えて様々な工夫をしていることに感心しました。

（イ）複数契約の満期を統一する

　　　複数契約の満期日が異なると、お客様の側から見るとリスク管理がし難いというデメリットがあり、代理店経営からは何度も訪問しなけ

ればならないという非効率を生みます。お客様と話しながら不利益がない形で中途更改を進め、満期日を統一しています。保険料の月払いを薦めていると満期日を統一化しやすくなります。

（ウ）顧客単価を上げる

　営業のプロセスのところで書きましたが、リスク・コンサルティングを通じ、契約の確認と見直し、クロス・セルを薦めます。最終的に生損保に関わらずお客様の保険を全て管理することによって、仮に個人であっても顧客単価が上がり効率経営の向上が図れます。もちろんお客様の側にも、１つの代理店に全ての保険を任せられれば保険の管理がしやすいこと等の利便性と、高いレベルの安心感といううメリットがあります。

（エ）例外を作らない

　お客様が大事なことは言うまでもありません。保険では、契約時にお客様が感じるベネフィットは「安心」だけで、ずっと無事故でいればついお客様の方が代理店との関係上強くなりがちです。しかし、お客様の要望であれば何でも聞くというのでは効率が上がりません。会社案内で自社の理念を説明して、自社の営業や顧客管理のやり方に合わないお客様は敢えて付き合わないという勇気が要ります。

　自動車保険を例にとれば、最近では賠償事故があれば保険金の支払額が無制限という契約が一般的です。最悪の場合には数十億円という保険金支払いにも対応できる契約を商品として販売しているのだという、プライドを持った仕事が「士業」に繋がります。

Ⅲ．保険代理店における経営改革

7．営業管理

⑴　プロセス管理のための３つのフォーム

　　これまで代理店内で行われてきた営業管理では、結果管理、予算管理（ノルマ）など、最終の数字をチェックして対策を講じるといったものが多くみられました。保険ネットワークセンターでは、循環型セールス・プロセスに基づき結果が出るまでのプロセス毎にチェック項目を立てて確率を出し、具体的な対策を考え実行するという手順を採用しています。このプロセス管理では同時に営業社員の成長を促すこともできています。

　　保険ネットワークセンターのプロセス管理では以下の３つのフォームを使用しています。

- ●有効面談管理（セルフマネジメント表）
- ●プロセス管理表
- ●日報

　　この３つのフォームは、経営者が現状を把握できるばかりでなく、営業社員が成長していくために、自らの仕事を見つめ直し、分析し、仮説を立て、改善のシナリオを描いて実行することで、自分自身をマネジメントすることができるようになっています。

①有効面談管理（セルフマネジメント表）の意味・目的

■案件管理表(セルフマネジメント表)平成23年6月〜

NO	面談日	面談者	訪問目的	手順説明	会社案内	情報提供	情報提供種類	終了宣言	次回アポイント	ヒアリング実施日	仮提案実施日	本提案実施日	成約可否	メモ(情報提供)
									※原則、前回訪問日より5営業以内				担当	
1	6/1	A	1.更改手続	○	○	×		○						
2	6/1	B	1.更改手続	○	○	○	3.分かりにくくない	○	6/6	6/6	6/8	6/10	○	
3	6/1	C	2.メンテナンス	×	×	○	4.収入、支出が	○	6/3	6/3		6/9	○	
4	6/1	D	3.事故処理	×	×	×		○						
5	6/1	E	1.更改手続	○	○	○	2.公的介護早わ	○	6/6	6/1	6/6			
6	6/2	F	5.紹介	×	○	○	3.分かりにくくない	○	6/7					
7	6/2	G	4.情報提供	×	×	○	3.分かりにくくない	○	6/8					
8	6/2	H	6.相談対応	×	×	×		×						
9	6/2	I	7.新規活動	×	○	○	7.その他	×						
10	6/2	J	8.その他	×	×	×		×						
11	6/2	K												
12	6/3	C												
13	6/3	L												
14	6/3	M												

144

a．営業担当にとっての意味・目的

- この1か月どのくらい行動したか。
- どういうプロセスを歩んだか。
- それによってどのくらい成果が出たか（確率はどうか）。
- どのプロセスに問題があるか。
- どこを訓練すればよいか。
- 今後、どう仮説を立てシナリオを描き、行動すればよいか。

これらを客観的数値を使用して振り返ることにより、自分の実力、強み、弱みを知ることができます。自分がどのくらい動けばどのくらいの成果につながるのか、その確率を知ることで自分の営業の在り方が見えてきます。また、その確率の精度もだんだん上がってきます。

b．経営者にとっての意味・目的

社員の行動と実力（確率）を知り、精度を上げるための方法を考えることができます。

- どのくらいの行動量か。
- 循環型セールス・プロセスに従って行動しているか。
- お客様からの相談はどのくらいあるか。
- どのプロセスで行き詰まり、どの部分で悩んでいるか。
- どのようなアドバイスをすればよいか。
- 社員の中で何が起きているのか。

等に関して仮説を立て、改善シナリオを作り社員の成長をベースに考え指導します。

Ⅲ．保険代理店における経営改革

②プロセス管理表の意味・目的

プロセス管理シート（営業）

2013年2月1日〜　　　　　　　　　　　　　　　　　　　　　　　担当：

	クライアント	ヒヤリング		仮提案		本提案	
		月日	メモ	月日	メモ	月日	メモ
1	C	6/3	ご夫婦同席。約1時間お子様のことご両親のこと等。	/		6/9	提案11日診査、申込み。
2	B	6/6	ご夫婦同席。約1時間お子様のことご両親のこと等。	6/8	保険料について、もう少し安く。2万円以内で。	6/10	提案12日診査、申込み。
3	E	6/1	介護の保障のみ必要。	6/6	しばらく検討する。	/	
4	F	6/7	奥様に確認。ご主人と相談します。	/		/	
5	G	6/8	独身者。医療保険の充実が希望。	/		6/12	提案医療保険申込。
6		/		/		/	
7		/		/		/	
8		/		/		/	

a．営業社員にとっての意味・目的

- 有効面談から相談等、次のアポイントにつながった案件を記入。
- プロセスとして「ヒヤリング⇒仮提案⇒本提案」の項目を設けており、すべての案件がどのプロセスにいるかが把握できる。
- 基本は、次回のアポイントを5営業日以内にとること。お客様からの相談等に対して準備ができてからアポイントを取るのではなく、アポイントを取ってからその日程に合わせて準備する習慣を付ける。
- 自分がどのプロセスで詰まっているのか、今後どうしたらよいかを考える。

b．経営者にとっての意味・目的

数字だけでなくお客様との交渉の具体的イメージが持てるため、

146

Ⅲ．保険代理店における経営改革

社員の実力（確率）を知り、精度を上げるための方法を考えることができます。

- 常にどのくらいの案件があるか（自然に結果を出すことができるために必要案件数はあるか）。
- 循環型セールス・プロセスに従って行動しているか。
- どのプロセスで行き詰まり、どの部分で悩んでいるか。
- どのようなアドバイスをすればよいか。

等がこのフォームを読むことで自然に伝わってきます。

③日報の意味・目的

業 務 日 報

平成25年1月22日

			報告者

時　間	訪問先	業務・情報提供	状況、コメント、感想等
8:30	（出社）		
9:30	○○　○○	会社案内 施設賠：更改 クロセリ	・アパートの長期火災が近々満期あり。証券回収。 次回、提案。
10:30	○△　○△	ミニフリ切替え 情報提供：収入方式支出方式	・増車1台でのミニフリ切替え手続き。 ・家族全員、明治安田に加入しているとの事。昔からの付き合いで、掛けてるのが多いとの事。
11:30	事務処理	書類整理	
14:00	㈱■■	会社案内	・穀物の加工商品が海外にも輸出されているとの話が社長からあり。
19:00	（退社）		

今日の一言（PSTHなど）
○△さんは、高齢の女性のお客様ですが、『収入方式・支出方式』を聞いていただきました。「私は関係ないけど、うちの息子や娘はこういうのを知ってないといかんな」と言っていただき、ひとつ伝えたいことが伝ったような気がします。やはり場の設定での気配りの一言が大切だと思いました。

a．営業社員にとっての意味・目的

　毎日、その一日を振り返ることができる

147

【時系列の部分、1日の出来事（事実）を記録する】

- どのような行動をとったか。
- 誰にどのように話したか。
- どのようなやり取りがあったか（お客様の反応等）。

【感想の部分、自分自身の内面で起こったこと、変化、気づき、成長】

- 誇りに思うことや小さな変化、気づきを記入する。
  振り返る、気づくことで、感性、感覚を養う。
- 申し訳ないことや助けてほしいことを記入する。
  行動の変化や支援が必要だ、等の次のステップに発展する。

b．経営者にとっての意味・目的

経営者が毎日すべての営業社員と話すことができる訳ではありませんが、このフォームで彼ら・彼女らの行動や考えが、直接話す場合よりむしろ良く伝わってくるケースが多いと思います。

- 1日の行動管理
- 社員の成長を感じる。
- 社員の悩みを聞く、相談に乗る。
- 経営者と社員のコミュニケーション・ツールとして使用する。

④プロセス管理でのフィードバック

折角管理しようとしてもフィードバックがなければ、本人が課題などを認識できない訳ですので効果は上がりません。上記3つのフォームを使用した当社のフィードバックの実例をご紹介します。

実例：セルフマネジメント表に対するフィードバック

【1か月経過後の事例：有効面談はできているが、新規や紹介などに結びつかないケース】

訪問件数：114件　有効面談：89件

次回のアポイント数：2件

担当者との面談での発言：循環型セールス・プロセスに従って、頑張って有効面談をしていましたが、こちらの情報提供に興味のある方はあまりいなかったと思います。

　このケースでは何が起きていると考えられるでしょうか。

　ちなみに、当社では有効面談に対して次回のアポイント数は19.8％（契約に至る確率は14.3％）あります。

　これは、営業としての取り組みなどでもよく見られる、「手段の目的化」です。

　本来、情報提供は結果を出すための手段であるにもかかわらず、それが目的となってしまって行動するので次のステップに至れないということです。もう一つ考えられることは、情報提供の精度が不足している可能性です。お客様が理解、納得に至らない精度だということです。

　このような場合どのような対応をすれば良いかと言うと、ストーリーとしてのセールス・プロセスの再学習と再トレーニング（ロール・プレー）を行うことです。

　このように一定の確率に至らないデータが出ると学習やトレーニングを行って、確率を平均値に持っていく指導やコーチングが必要

です。

このように、プロセスをマネジメントすることで社員が一定の確率で実行できるようになり、最終的には結果を管理するのではなく分母（面談数）の量を確保する仕組みにすることができて、淡々と結果を出せる組織が構築されます。

(2)　顧客獲得ルート分析

この分析には2つのアプローチがあります。

まず、自社の営業社員がどのようなルートを利用して日々活動し顧客を創造しているのかです。個々の営業社員はどのような募集が得意なのか、また不得意なのか、組織全体で本当の強み弱みを分析できるデータを持っているのか等々を、経営者として知っていなければならないと考えて、当社では会社設立当初からこのデータを取り始めました。

次に新規のお客様が、どのような動機で当社を選択したのかです。お客様が代理店を選択する基準は何か。従来は契約は営業社員に付いていたのでその社員任せだったと思います。組織化するに当たって、お客様に社員個人ではなく代理店として選択していただくには、会社として何を身につけなければいけないのかという疑問から始まり、代理店組織の宣伝広告とはどのようにあるべきかということを考えました。そして「解」はお客様にあると思い、新規契約1件1件契約をいただいた動機をヒヤリングすることから始めました。そこから多くのお客様が保険加入に当たって相談するのは、両親や友人知人が多いというデータから「口コミ」という戦略が生まれるこ

とになったのです。

この２つのデータのとり方や分析を説明します。

①契約獲得ルート分析

マーケット分析（新規契約成績表の経緯の定義）について

1. 既契約者に対する生保を含む多種目化
　〈定義〉保険会社の定義する多種目と同様の考え方。世帯単位でなく、個人単位でカウントしていく
　〈例〉廃止代理店からの継続のお客様に新たに別種目の保険を販売した

2. 純新規工作（データベースマーケティングを含む）
　〈定義〉新規取組によるもの
　〈例〉a.商工会議所の名簿をもとに飛び込みを行った結果新規の契約につながった
　　　　b.寺院取組で飛び込みを行った結果新規の契約につながった

3. 提携募集（修理工場、別働隊、廃止代理店など）
　〈定義〉紹介により分担が発生するもの
　〈例〉会計事務所、ニッセイ協業、廃止代理店、修理工場、不動産業者など

4. コンダクトとの提携
　〈定義〉コンダクトと共同で取り組んだ案件、分担が発生
　〈例〉既存法人契約者に対して、コンダクトと同行し、最終契約につながった

5. 企業工作（多種目、団体扱い、集団扱い含む）
　〈定義〉企業に対する新規取組、多種目販売（団体扱い、集団扱い含む）
　〈例〉a.既契約先で法人に多種目販売を行った
　　　　b.新規取組で法人の契約をいただけた

6. 紹介
　〈定義〉既契約者や提携募集以外からの紹介
　〈例〉家族の中で、ご主人が既契約者で、奥様の自動車保険も紹介してくれた

7. その他（増車を含む）
　〈定義〉上記に定義できない、いろいろな取組をしないで契約になったもの
　〈例〉増車

　新規契約を年間保険料換算して、担当者名、上記７つのルートに該当する番号を記入する表を作成します。これを営業社員毎とか、支店毎で各項目の件数と、割合を出して分析しています。

　例えば、長期的な視点で企業工作に取り組んでいる社員、短期的な視点で目先の新規契約に取り組んでいる社員、経年で見ていくとだんだん紹介の比率が増えている社員（信頼関係が良くなってい

る）とか７番の増車などの新規が多い社員等、前述の人事考課に通じるものも見えてきますし、日頃の営業スタイルまでもが見えるようになります。また、代理店としてどのような取り組みを強化すればよいのか、確率や効率が高い活動とはどのようなものかといった具合に、戦略や戦術に応用できます。

　マーケットの分類は、実情に合わせて皆様の代理店内で決めていれば良いと思います。ただ、あまり多くの分類にするとかえって営業社員の動きやフォーカスポイントが、狭くなるので注意が必要です。

②新規契約動機分析

新規契約分析一覧

		①なぜ私で、なぜネットワークで契約してくれたか？なぜ、紹介してくれたか？
1	契約者	①なぜ私で、なぜネットワークで契約してくれたか？なぜ、紹介してくれたか？
	○○　○○	一原不動産紹介のお客様
	保険種目	当社に任せるとあとの満期管理がしっかりしており、無保険の心配が無くなるから
	火災	
2	契約者	①なぜ私で、なぜネットワークで契約してくれたか？なぜ、紹介してくれたか？
	○○　○○	既契約者のお父さんです。まったくの無保険の状態で不安だが、入れる保険はあるかと相談いただきました
	保険種目	娘さんになぜ私に相談いただいたか聞いてみましたが、とにかく知識が豊富で頼れると言っていただきました
	生保	
3	契約者	①なぜ私で、なぜネットワークで契約してくれたか？なぜ、紹介してくれたか？
	○○　○○	今まで何回か生保の見直しを申し入れられた事があったが、なかなかその気になれなかった
	保険種目	自動車保険の説明を聞いていて、専門的な事をわかりやすく説明してくれたので、生命保険の事も聞いてみようと思った
	生保	
4	契約者	①なぜ私で、なぜネットワークで契約してくれたか？なぜ、紹介してくれたか？
	○○　○○	約1年前に私の会社案内と仕事に対する姿勢や考え方を聞いて、いつか相談しようと思ったそうです
	保険種目	今回、半年払いの既契約の支払い案内が来て、私に相談しようと思い立ったそうです
	生保	
5	契約者	①なぜ私で、なぜネットワークで契約してくれたか？なぜ、紹介してくれたか？
	○○　○○	もともと契約していた明治安田の外務員の説明に不信感を覚え、他の人に相談しようと考えた
	保険種目	その際、萬谷の引き継ぎで来ていた私が、自動車保険の説明でも聞いたことがないような納得感のある話だったので、
	生保	私に相談しようと考えてくれたそうです
6	契約者	①なぜ私で、なぜネットワークで契約してくれたか？なぜ、紹介してくれたか？
	○○　○○	生保の契約もしており、家庭の事情まですべて話をして、今更外の保険屋さんになにか相談しようとは思わない
	保険種目	頼りにしているといわれました
	火災	
7	契約者	①なぜ私で、なぜネットワークで契約してくれたか？なぜ、紹介してくれたか？
	○○　○○	以前契約をいただいた際に、傷害保険についての相談をうけ、対応したためと思われる。
	保険種目	
	旅行傷害	

　上記の新規分析一覧は、「なぜ私（営業社員）で、なぜ保険ネットワークセンターで契約してくれたか、なぜ紹介してくれたか」を契約直後にお客様にお聞きします。

　このデータを全営業社員が毎週金曜日に報告する仕組みです。これをデータベース化（項目を決め大分類、中分類、小分類）してい

くと、お客様がどのような視点で、我々保険代理店を見ているのか分析できます。それをもとに育成や教育、またお客様に選択されやすいようにセールス・プロセスをブラッシュアップしていくことが可能になります。

　データを分析していくと、今まで代理店や保険会社が抱いてたお客様像と違ったものが見えます。例えば、保険料が安いほうが良いとか、返戻率が高いほうが良いというようなことだけではなく、営業社員の身なりや礼儀、また保険を考えたときに誰に相談するのかというと、両親や友人など身近な人が勧める代理店や商品を選択しているというような、口コミが起きやすい状況であることも分析できます。

　ところが、多くの代理店の現状は単種目の契約が多く、営業社員の年齢プラスマイナス10歳前後に個人顧客や法人顧客の経営者の年齢が集中しています。ここに、販売する側と買う側のギャップが見えてきます。これではお客様の選択基準に、我々販売する側が対応できていないことになると思います。

　そこで当社では、礼儀や態度、姿勢、分かりやすい商品説明、標準化のところで説明したプラン設計思想など、このデータ分析に基づいて仕組みや教育を改善したところ、多種目化や紹介契約が増大しました。

　このように代理店独自で自社のお客様の選択基準や想いを確認して業務に反映させることこそ、顧客本位の業務運営につながるのだと思います。

多くの代理店が、データといえば「代理店総合成績表」を頼りに、

多種目販売率とか特約の付保率などの取り組みをしています、もちろんこれも大事なことですが、代理店経営において本当に大事なのは、お客様や営業社員の行動など、その代理店独自のデータを取得、分析して戦略や戦術を立てることです。

　このように代理店として独自のデータを取ることにより、当社は営業社員やお客様を知り、精度の高いセールス・プロセスや仕組みを構築することができたのではないかと思っています。

　営業のプロセスを標準化して、社内教育を通じてプロセスの実行ができるようにしますが、実際にお客様の前でその通りできているかをチェックする必要があります。私の経験でもそうでしたが、一度指示したことが、その通りに実行されるとは限られません。むしろ稀です。頻繁に社員と同行することができればチェックはできますが、そのような人的余裕はありません。従って、現場で起こっていることを数字で把握できるようにする工夫が要ります。

　このような営業管理では最終的な結果だけでなく、結果を出すためのプロセスを管理することが必要です。保険ネットワークセンターでは見込み客数、見込み客の成約可能性、見込み客や既存顧客へのアプローチの履歴をデータ化して、それぞれの項目の改善に取り組んでいます。宮宇地氏と話して驚くのは、例えば既存顧客に対する医療保険のクロス・セルの成功率はと聞くと、直ぐ17％だという答えることです。実態を勘や印象で捉えるのではなく、実際の数値に基づいて分析しています。この例で言えば、営業社員Ａさんの比率は20％だが、Ｂさんは10％ということが分かった時に、10％を会社平均の17％にするために何が課題かを考えて実行するという改善のサイクルができます。また、Ａさんからは17％を20％にするためのノウハウを

吸収して社内で共有することもできます。

　宮宇地氏本人は代理店経営に徹しており、大口顧客との信頼関係の構築以外は一切、お客様の担当をしていません。高松にある本社と全国8か所の支店の行動をメールでチェックして指示をしているのですが、メールとデータを読めば何が起こっているか想像できると言っています。よく見込み客管理で成約可能性のレベルをA見込、B見込などと分類して報告させることがあります。しかし、このように感覚的に捉えるのではなく、営業のプロセスに従って、会社案内はできているかであるとか、決定権者に面談できているかなどでチェックした方が現状の把握と指導のためには有効でしょう。

8. 事故対応

　事故対応をどこまでやるかというのは、代理店経営において悩ましい点です。お客様からすれば、事故に遭って動転したりストレスを抱えたりした時に代理店がサポートしてくれなければ、代理店経由で保険を買う意味がありません。一方24時間365日事故対応をしようと思うと、少なくとも社員の誰かは、交代で携帯を枕元に置いて寝なければなりません。

　保険ネットワークセンターでは交代で夜間の事故受付担当者を置いています。お客様にとってこのやり方が一番でしょうが、私は個人的には朝8時から夜8時あるいは10時まで代理店が事故受付をして、夜間や土日は保険会社の事故受付センターに任せるというやり方でも良いと考えています。夜間に事故を起こしたお客様から見ると通販と同じ様に見えますが、いくつかの工夫で納得していただけるのではないかと思っています。

　具体的には、お客様に自社の事故受付体制と保険会社の体制を予めきちんと説明すること、事故が起こった時お客様がすべき行動、例えば二次災害の

防止や警察への連絡などを継続のたびに確認すること、保険会社に事故報告をした場合は、翌営業日には必ずこちらからお客様へ連絡して事故の相談に乗ること等を丁寧に伝えることだと思います。

　私が経営で関わった保険会社では、保険金支払いサービスの満足度のアンケート調査をしていました。全体の満足度はかなり高かったですが、詳細に見ると、途中経過の報告という項目でお客様からやや低い評価をいただいていました。この満足度は代理店の営業にも結び付く重要な指標であり、途中経過の報告に関しては代理店が貢献できる部分です。代理店システムで事故処理の進捗をチェックしたり、損害サービスの担当者と直接話したりすることで、経過を把握してお客様に伝えるのも代理店の大事なサービスだと思います。

　保険会社によっては事故に代理店が関与することを嫌がるケースや、事故対応で時間を使うことが代理店の営業の阻害要因だと考えることがあるようです。しかし、事故対応をきっかけに代理店の価値が分かって、顧客紹介に繋がるケースは多くあります。事故対応を抜きにして代理店は成り立ちません。

9．オフィスのあり方
　代理店のオフィスはお客様対応と社員の処遇両面からの投資です。
　お客様対応については、来店型保険ショップのように不特定多数の見込み客を集めたいという戦略であれば、人通りの多い場所の一階やお客様専用の駐車場を準備できる場所に、広い接客ブースのあるオフィスを設けたほうが

良いことは間違いありません。しかし、不特定多数ではなく既存顧客や紹介による見込み客の訪問を前提とするのであれば、そこまでは必要ないと思います。最低限お客様がオフィスを訪問した時に使用できる小奇麗な接客スペースと、社内の会議や小セミナー、社員の昼食にも使用できる会議室があれば充分でしょう。ただ、相続税対策など節税や生保の高額商品を販売する場合は、部屋の外に会話が漏れないような接客スペースの設計が望ましいです。

　社員の側から考えると、清潔で洒落たなオフィスは働きやすく生産性を高めます。当然、社員の定着率も高まりますし、入社希望者の増加も期待できます。特に地方では近代的オフィスがまだ少ないので、オフィスに投資することは思った以上の効果があると思われます。

　もちろんきれいなオフィスは訪問したお客様にも好印象と信頼感を与えることができますし、駐車場があればお客様の方から訪問してくれるメリットもあります。

　細かな点では、女性と男性でトイレ（当然洋式です）が分かれ常に清潔に維持されていること、昼食をとるスペースや給湯設備（できればコーヒーメーカー）があることなども社員満足度に影響します。トイレと言えば、私の富士火災時代に大変優秀な女性の代理店担当者が、代理店のトイレに入ると、その代理店の経営体質の一部が分かると言っていました。保険会社の社員が使用するかどうかは兎も角としても、お客様がトイレを使うことも考える必要があります。

　オフィスとは違いますが、会社の顔という点ではホームページをどの程度作り込むかも悩ましい点です。これもホームページで不特定多数の見込み客

を呼び込みたいかどうかという観点で考えたら良いと思います。ただ、最近では代理店を探す際にも、まずネット検索をするという習慣が浸透しつつありますので、サイトのデザインの良さにはある程度こだわる必要があります。内容的には代理店を探している見込み客、そして時には既存顧客に会社概要が伝わるように、ビジョン、規模、取扱保険会社、取扱商品、サービス内容、代理店表彰やランク、オフィスの地図は最低限必要です。

10. 経費管理

経費を考える前提条件として、月次試算表が少なくとも翌々月には出力される仕組みが必要です。一旦経費予算を作成した後、単月や四半期ごとのチェックも必須です。保険ネットワークセンターでは、全社、各支店ごとの月次試算表を翌々月までには出力できるように、クラークが集計しています。

☆経費予算

事業計画（経費予算）の考え方は、大きく３つに分けることからです。すなわち「営業利益」、「人件費（社員、役員、法定福利厚生費）」、「物件費（人件費以外の勘定科目すべて）」です。

最初に考えるのは、各項目の比率です。

当社では、営業利益（10％）、人件費（55％）、物件費（35％）と予算化しています。絶対動かせない比率として、まず最初に営業利益を置きます。つまり、営業利益を10％と固定して、残り90％で運営する予算を考えることです。これによって、継続的に投資したり、不測の事態に備えたりする経営の体力を付けることができます。通常の損益計算書では、売上、人件費、物件費、営

業利益の順番で記載されていますが、そうすると人件費や物件費を使って残ったものが営業利益という考えに陥りやすくなります。それを売上、「営業利益」、人件費、物件費の順番で記載する予算書を作成することをお薦めします。

次に、物件費を勘定科目ごとに予算化していきます。過去3年分を参考にすれば固定費も変動費も予算化しやすいでしょう。育成・教育のところでも書きましたが、教育費の予算化にもぜひトライして下さい。ここで注意して欲しいのは、単純に前年をなぞるのでは無く、それぞれの勘定科目毎にどのようなルールや原則に基づいて管理しているのか、ということを考えることです。もしルールや原則が経営者の中にあるのなら、予算書に記述をする。これは、経営者だけの暗黙知にせず、組織の知識として次世代の経営者に引き継ぐためのものです。費用ですから使い方のルールや原則が必要という考え方を検討してください。

すべての勘定科目にそのようなルールや原則が必要だということではなく、主に営業に関する支出の部分が対象です。当社の例では、接待交際費（0.2％）、旅費交通費（2％）、通信費（2％）、車両燃料費（2％）、会議費（0.5％）、福利厚生費（1.5％）などの変動費、地代家賃（5％）、償却費、などの固定費が対象になっています。（カッコ内は当社の売り上げに対する構成比率です。）

☆接待交際費

保険ネットワークセンターでは、基本的には接待交際費の枠はゼロ（0％）です。もちろん実際は数十万円の費用は使っていますが、

この多くは慶弔費用と寄付です。枠を０円にするということは、営業の姿勢を問うということです。「飲食を伴うような営業はしなくてよい、我々の想いやスキルを評価して頂けるお客様とお付き合いする」という、会社としての方針と覚悟です。

☆旅費交通費、車両燃料費

この費用をどのように解釈するかによってルールや原則は変わると思います。多分に地域性がありますが、交通費や燃料代の割合が高いのを営業を活発にしていると認識するのか、移動が多く無駄の多い営業と取るのかで対応は異なります。また燃料代やＥＴＣの管理等、購買として価格交渉が必要なものは経営陣が対応してください。

☆地代・家賃

代理店や経営方針によって事務所や店舗のコストは大きく変わります。費用対効果を考えながら、売上の何％が妥当なコストか決めると経営がしやすくなります。例えば、地方であれば売上の５％未満、大都市圏であれば10％未満と設定した上で立地などの方針を決めると良いと思います。

構成比率で営業関連の勘定科目を見ていくと、営業活動の実態がよく見えるようになります。なぜか、変動費だからです。売上が下がっているのに変動費率が上がっているとしたら、無駄な動きがあるのではないか、売上が上がっているのに変動費率が下がっていたら、生産性が向上したのかといった仮説が立ちます。必ず分析する

習慣をつけて下さい。

☆償却資産管理

　資産の償却には定額と定率があるので、必ず決算が終わった時に現在の資産の翌年の償却額（実額）を税理士などに確認してください。利益管理にとって大変重要なことです。

☆人件費

　人件費を55％で運営できていた組織が、翌年50％くらいの構成比率になってきたとしたら現場で何が起こっているでしょうか。仮説としては、良いケースでは生産性が上昇した可能性、悪いケースでは人手不足状態で負荷がかかっているかもしれません。逆に60％になったとしたら、人余り状態で生産性に疑問があることが考えられ、営業活動のチェックや再教育の取り組みの強化等が必要になります。構成比率をこのような視点で見ていくと、現場の状態も見えてきます。

☆数値から現状を把握する

　代理店経営の肝として、経営者がどのような数字を見れば現場を把握できるのかといったものを持つことが大事です。前述の営業社員がどのようなルートで顧客を創造しているのか、お客様が代理店を選択する基準の変化はないのかなども含めて、具体的数値から仮説を立てると対応策がスムースに作成できます。

　また、基準となる数値を、このように構成比でみるのか、実額でみていくのかによって評価が変わりますので要注意です。

161

自社の代理店の運営を考えて、現状を的確にチェックできる数値を持つことが重要になります。得てして総額とか最終結果に囚われやすいですが、これからはより高度な経営に変革すべきだと考えています。

　経費を考えるということは、利益をコントロールすることにつながります。ルールや原則、目安を持つことで組織の生産性や今後の戦略、方向性の目安になります。

　随分細かいことをと思われた方もいると思います。経営することは、このようなことを１ミリ１ミリ積み重ねていくものです。信用も、薄皮１枚１枚積み重ねていくものだとよく言われています。経営するということも同じです。

　最後に、代理店として財務を強化したい、資産を増やしたいと考えるなら方法は一つ、法人税を支払う、つまり利益を挙げることです。税を支払える経営状態でなければ本当の資産は増えません。代理店経営にとって将来の投資資金（人、インフラ、M＆A）を持つことは大事なことだと思います。

　代理店の経費分析に関しては上記で宮宇地氏が詳細に書いていますが、持続的に成長するために必要なポイントだけ触れたいと思います。

　まず持続的成長に欠かすことができないのは利益を挙げ続けることです。企業化のところでも書きましたが、代理店業であっても継続的な投資は必要です。ＰＣの買い替え、ソフトウェア等のＩＴ環境の更新、オフィスの改装・拡張など何年かおきに必要になる経費があり、そのためには利益を積み上げておかなければなりません。

手数料収入が安定的に計上できるためには、生保でもＬ字型ではなく平準払い、損保でも月払い契約にしておくことをお薦めします。年度によって収入の上下が大きいと経営の舵を取るのが困難になります。

　固定費より売り上げに連動する変動費にした方がリスクが少ないと思われがちですが、代理店経営で最も比率の高い経費である人件費の大きな部分を変動費化（業務給）することは、前述した通りお客様が会社ではなく営業社員に帰属してしまったり、営業社員が会社の方針に従わず自己流で行動して代理店ブランドを毀損したりというリスクがあるため、組織の運営上お薦めできません。

　社員の側から見ると、代理店では会社の売上（収保）から代理店手数料額を推定しやすく、労働分配率（社員の取り分）の多い少ないが社員のモチベーションに影響します。しかし、保険会社の経営でも同様でしたが、社員は会社の負担が自分の給与やボーナスだけとしか見ていないことが多いようです。社員に対し常日頃から、人件費には他にも健康保険や年金、退職金等の直接は見えない経費があることや、オフィスの維持費用や投資が必要であることを認識するようにコミュニケーションしておくことが大事です。

　保険会社を経営していた私が書くのは奇妙に響くかもしれませんが、安定的な代理店経営のためには、手数料ポイントが１年毎に乱高下しないような手数料体系にすべきだと考えています。例えば、損害率は人身事故やお客様に起因しない自然災害などで急激に上昇することがあります。また売り上げも大口顧客を失った場合などは、それだけが原因で減収になることもあり、そうなると減収と手数料ポイントの引き下げでダブルのマイナス影響が出ます。これでは社員の給与を固定化することはできません。

Ⅲ. 保険代理店における経営改革

　保険会社が代理店と利益目標を共有したいという意図は理解できますが、例えば保険会社の引き受けルールを守っている限りは、損害率が上昇してもそれは代理店の責任ではないと考えますし、代理店手数料は基本的に変動費であり代理店が減収すればその分同じポイントでも支払手数料額は減少します。

　私は少数意見になることが多いのですが、代理店と真のWin－Winの関係を構築するためには、代理店の安定経営に配慮すべきでしょう。

11．事業継続計画（BCP）

　保険ネットワークセンターでは、2011年4月26日策定の「災害対策（BCP）マニュアル、地震・噴火・津波版」を大災害時のマニュアルとして運用しています。策定日からわかるように、3.11東日本大震災の1か月半後に策して、運用を開始しました。

　東日本大震災発生後、当社では高松本社や八戸支店から社員数人が被災地である仙台へ約1か月応援に向かいました。その時の体験・経験をもとに保険代理店として大規模災害時にどうあるべきかを考え、実務に基づいたBCPマニュアルを作成したものです。このBCPマニュアルは、縮小コピーされ全社員が常に携帯しています。

　策定に際しては、そもそも地震保険や地震拡張担保特約や天災危険担保特約を販売している代理店としてのミッション（使命）とは、どうあるべきなのかをまず社内で議論しました。その結論は、「広域大規模災害においてどこ（個人と法人顧客）よりも早く業務を立ち上げて、1分でも1秒でも早く生活支援金や事業継続資金である保険金をお届けする」というものでした。

　この目的のために最初に考えたのは、社員の安否確認の仕組みです。どの

ような計画を立てても実行する人員が確保できなければ、絵に描いた餅となります。当初、１７１（携帯キャリアの災害伝言ダイヤル）を使う仕組みを考えましたが、録音してそれを聞きにいかなければならず、時間がかかり件数も制限されていることが分かり、民間会社の安否コール・システムを導入しました。

注意事項としては、社員の家族の安否確認もできることが重要です。社員が無事であっても、家族の安全が確保されていなければ社員は動けません。この安否コール・システムで、全国どこで地震があっても震度５強以上が発生すれば必ず全社員の安否確認ができます。図らずもこれが日頃の訓練にもなっています。

大災害時と日頃の事故対応には大きな違いがあります。通常の交通事故や災害においては、事故の連絡はお客様からの入電待ちです。では、大規模・広域災害においてどのような対応が望まれているのでしょうか。このマニュアルでは、当社から該当契約者に損害確認を行うようにしています。しかも原則48時間以内（お客様の携帯電話の電源が切れる前）に確認を行います。

熊本地震の際、当社の熊本支店ではマニュアルに従って、前震、本震の２回地震保険該当契約者に損害確認の連絡を入れました。この２回の損害確認を保険代理店から行ったことが、お客様が勤める会社やコミュニティで話題になり、その後お客様の紹介により火災保険の加入者の増加につながりました。まさに保険代理店の真の役割を果たすことでブランドを創ることができた訳です。

当社の「災害対策（ＢＣＰ）マニュアル、地震・噴火・津波版」には、次の通り、事前準備と事前取り組みが含まれています。

事前準備項目	社員名簿の整備（災害時緊急連絡先含む）支店間共有
	ハザードマップの備え付けと更新
	顧客フォルダの整備（地震天災保険加入者に関してはフォルダの印）
	マニュアル・帳票の整備と紙ベース保管（全支店）
	電話コール・スプリクト準備
	備蓄品リスト
お客様事前対応	地震保険・地震拡担加入率アップ取組
	早期更改の徹底
	契約者緊急連絡先の確認（携帯電話等）

　詳細は個々の代理店の事情によって異なるでしょうが、代理店としての常日頃からの姿勢や考え方からＢＣＰに入るべきだと思います。紙面の都合でマニュアルすべては書ききれませんが、保険ネットワークセンターのＢＣＰマニュアルの内容を記載します。また、巻末に当社で使用している地震保険損害確認スクリプトと顧客安否確認スクリプトを載せましたので、参考にして下さい。

	外部環境	行動
第1フェーズ	災害発生当日	社員・家族安否確認 帰宅ルールの実行
第2フェーズ	通信途絶期	出社ルールの実行 対策本部設置
第3フェーズ	物資不足・ 活動制限期	顧客安否確認 損害確認 保険金請求手続き
第4フェーズ	活動制限解除期	顧客安否確認終了 対策本部解散
第5フェーズ	通常業務復旧期	契約更改を通常業務に戻す 新規開拓業務再開

　東日本大震災から早7年。保険に携わる方であの時のことを忘れている人はいないと思いますが、時間と共に記憶や印象は薄れているかもしれません、しかし、発生可能性が低いと言われていた熊本で大地震があったことでも分かる通り、日本は地震国です。いつどこで起こっても不思議はありません。

　東京大学地震研究所が2012年に出した報告によれば、マグニチュード7級の首都圏直下型地震の30年以内の発生確率は70%。今年（2018年）2月地震調査委員会が見直した発生確率によると、同じく30年以内に70%～80%の確率でマグニチュード8から9級の南海トラフ巨大地震が起こると

しています。

　お客様に安心を提供している代理店としては、仮に大地震が自社の地元で発生した場合は、当然お客様に適切なサービスを提供しなければなりません。東日本大震災では自らが被災者でありながら、お客様への保険金支払いに尽力された多くの代理店の感動的な事例がありました。以前保険金の未払い・不払い問題で保険会社が失った信用が、そのような努力があって初めて回復できたことを、保険会社の社員や代理店は保険のプロとして常に意識したいものです。

　最も大事なことは、大地震の際もお客様の契約内容が分かり連絡が取れる体制です。どのお客様が何を対象にいくらまで地震保険に入っているかをチェックして、迅速に対応する体制構築が必要です。お客様の情報が一か所に集中して保管されていると、オフィスが被害を受けた場合に動けないばかりか、お客様から問い合わせがあっても答えることができません。一般社団法人日本損害保険代理業協会（日本代協）の直近（2016年2月集計）の調査では、回答代理店3,743店中1,824店（48.7％）が資料・情報のコピー・バックアップの保管をしていると答えていますが、回答者には比較的意識が高い代理店が多いことを考えると、実態はこれ以上に未整備ではないかと想像します。

　特に首都圏直下型や南海トラフの巨大地震では、オフィスが損害を被るだけでなく保険会社社員と代理店社員の多くが被災者になることが考えられます。これが東日本大震災や熊本地震と異なる点です。この二つの地震では、首都圏から多くの社員が応援要員として被災地に派遣されました。しかし、

首都圏を含む大地震ではそれが期待できません。自分や自分の社員が動ける状態にない時にどうすべきか、保険会社の損害調査担当社員や鑑定人の多くが被災した場合、代理店としてどのようなサポートができるか等の計画を作成しておくのは代理店の責務です。上述のアンケートでも、事業継続計画を策定済みの代理店は605店（16.1％）しかありません。また、そこまで大袈裟でなくても、災害時の従業員の行動計画（避難・出社計画、安否確認方法等）を策定できている代理店も654店（17.4％）に留まっており、大災害時に行き当たりばったりの対応になるのではと危惧されます。

また、計画だけあっても、それが代理店内で共有されているか、実際に機能するかは別問題です。9・11ニューヨークのワールド・トレード・センター崩壊のテロ災害でも、避難訓練を実行していた企業では被害者が少なかったと言われています。少なくとも年1回は社内で訓練をして緊張感を高めておきたいものです。

災害を想定した訓練と言えば、私のオフィスがあったビルでは、定期的に避難訓練が行われていました。非常階段が如何に混雑するかなどを全員が体感することで、いざという時に整然とした避難ができます。階段に障害物が置いてあったために火災発生時に逃げ遅れたという不幸な事故が以前ありましたが、このようなことも防止できます。

ところで、訓練は通常予告して実行されますが、私は現役時代、多くの社員が移動する年末年始の休日前に、予告なしのメールでの安否確認や連絡網のチェックをしました。結果は完璧とはいかず、管理側も社員の側も多くを学ぶことができました。できるだろうと思っていることと、実際にできることは往々にして異なります。万が一の備えという意味では、予告なしの訓練もお薦めします。

宮宇地氏の熊本地震の体験にもありましたが、自動車事故など散発的に発生する種目と異なり、地震や風水害は同じ地域の多くの人が同時に同じパターンで被災します。従って、お客様が代理店の事故対応を比較できる機会となります。このような時に他代理店との違いを出すことができれば、地域での信頼を高めることができます。

12. 代理店賠償責任保険

個人的な意見になりますが、保険業法の改正によって、代理店に意向把握・確認義務や情報提供義務、乗合代理店においては比較推奨販売に関わる体制整備義務が課されたことによって、代理店賠償の運用が厳格になる可能性があります。従来は、保険会社の責任か代理店の責任か曖昧な部分があり、募集や保険金の支払い等でお客様との間で問題が生じた場合、保険会社の指導不十分という認定から保険会社が賠償するケースがあったようです。しかし、法律で募集における義務が明記されたされた以上、どちらの責任かは明確にならざるをえません。仮に経済的賠償能力の問題で保険会社が支払う場合であっても、その後で保険会社が代理店に求償する時代になると考えられます。賠償保険では募集時のミスが、思いもかけない高額の損害の発生時に発覚して代理店にとって大きなリスクになる場合もあります。

それに備えるためには代理店賠償保険に加入することが、リスク・マネジメントとしては最も有効です。加入方法としては、一般社団法人日本損害保険代理業協会（日本代協）や一部保険会社の代理店会（ＡＩＧ損保など）等が会員に提供していますので、積極的に加入を考えてください。

13. リーダーの役割

　この項目を最初に書くべきだったかもしれませんが、代理店経営者の役割について触れたいと考えます。

　企業にとってトップの役割は大変重要です。野球でもサッカーでも監督が変わるとチームがガラッと変わるように、トップの方針や行動次第で組織は変わります。特に規模的に見て社員がトップの顔や行動を日々直接見ている代理店においては、さらに影響力が大きいと言うことができます。

　ではトップの役割といえば、会社の理念に基づく経営方針を作成し、それを社員に実行させる態勢（販売の仕組み、組織の役割、報酬体系、評価方法、教育等）を構築する、そして、代理店のブランドを構築して持続的かつ健全な成長を達成することです。

　トップのあり方については10人いれば10の定義があると思いますが、上記で気付いて欲しいのは、トップが自分で販売することを予定していないことです。もちろんトップが顧客企業の経営者との信頼関係創りなど販売のサポートをすることはあります。しかし、自らがセールスをしてしまったのでは経営に集中することはできません。いくらスーパー・セールスパーソンでも使える時間は1日にせいぜい12時間。経営者の販売力を頼りにしているのでは代理店の成長には限りがあります。

　実は宮宇地氏も、自分が獲得して担当していた契約を社員に渡して経営に専念し始めた時期があったそうです。そのお客様が離反するのではないかという不安や、社員がちゃんと教育した通りに行動して顧客維持ができているかという疑念で、当初は怖かったそうです。しかし、その段階を超えないと、いつまでたっても経営が中途半端になり、会社の方針が社員に徹底できず肝心な代理店ブランドができなくなります。

組織は規模に関わらず同じような機能を持っています。従って経営者の役割の多くは、数万人の社員を抱える大企業であっても、10人、20人レベルの保険代理店であっても変わらないとも言えます。保険流通革命でお客様が変化し、一方様々な競合チャネルが台頭する中、自社がお客様から積極的に選ばれる独自のブランドを創るためには経営者の力量が問われます。

この本の宮宇地氏のやり方が全てという訳ではなく、個々の代理店にはそれぞれの持つマーケットや資源に応じた、それぞれのやり方があってしかるべきです。しかし、気付いていただきたいのは、保険代理店であっても宮宇地氏がやっているように、人材教育、生産性の向上、マーケットの絞り込み、営業管理、報酬体系の構築や人事評価など、企業として戦略的に考え実行しなければならないということです。そして、それをリードして持続的に成長できる代理店にするのが経営者の仕事です。

時代の大きな変化を機に、多くの素晴らしい代理店経営者が生まれてくることを期待しています。

Ⅳ. M&A

　代理店の高齢化や保険業法改正によって、今後保険流通の再編が急速に進むと思われます。一方、従来の規模の拡大だけを目的とした代理店統合は、必ずしもうまく機能していません。M&Aを如何にして自社の成長につなげるか、経営力がある代理店にとって、チャンスは目の前にあります。

１．代理店M&Aの現状

　皆さんの周りでは代理店の統合や買収が多く見られると思います。代理店店主の高齢化や、業法改正で求められている募集品質の向上ができない代理店の廃業が増加すると予想されるため、M&Aの機会は益々拡大を続けると思われます。

　一般社団法人日本損害保険代理業協会（日本代協）が2015年11月から翌年2月に掛けて実施したアンケート調査によると、回答代理店数3,743店の内38.1％で経営者（店主）の年齢が60歳以上です。同じアンケートで合併経験がある代理店は1,466店（39.2％）ありました。このアンケート自体が意識の高い代理店の調査になっている面はありますが、今世紀に入ってから合併が急増しています。一方、一旦合併したものの分離を経験した代理店数

は519社あり、合併を経験した代理店の35%に上っています。現実はうまい話ばかりではないようです。

　失敗の原因の大半は、恐らく単に規模拡大で手数料ポイントを上げることを目的としていたり、事前に様々な取り決めに合意していなかったことにあると思います。これから拡大するチャンスを的確に掴み成長の起爆剤とするためには、しっかりとした合併や買収の基準を設けそれに従って実行することが大事です。

2．成功するM＆Aのカギ

　ここでも保険ネットワークのやり方を紹介したいと思います。保険ネットワークは高松市で開業した代理店ですが、過去8年の間に八戸、仙台、筑波、東京、掛川（静岡県）、松江、熊本の代理店を買収し、全ての店で買収後も大きく成長しています。この成功の秘訣は、①慎重な事前調査と契約での合意、②リーダーは一人にする、③買収会社のやり方を全面的に採用させる、④効率化、です。

①慎重な事前調査と契約での合意

　　企業の買収ではデュー・デリジェンスという言葉が使われます。これは、代理店の場合で言えば、企業価値を顧客分析、販売方法、人材、コンプライアンス等の観点から多面的に評価することです。この結果を基に、被買収代理店の成長力など総合的価値を知った上で買収方法や価格を決定します。

　　代理店買収で怖いのは、買収後に営業マンが独立してしまうリスクや、お客様が他の代理店に逃げてしまうことです。単に人間関係

や義理で保険を購入していたお客様は、担当していた代理店経営者や営業社員がいなくなると、他に義理がある代理店や他のチャネルに移ってしまいます。被買収代理店の営業のやり方を分析して、買収後も維持できるお客様がどのくらいあるのか、営業プロセスの改善でどの程度成長が見込めるかを見極める必要があります。

　人材に関しては、被買収代理店の社員が買収後に自社のビジョンに賛同してチームとして働いてくれるかどうかがカギになります。買収後にオフィスを統合できれば日々指導することができますが、オフィスが離れている場合などでは共通の企業文化を浸透させるのが難しく、代理店ブランドが徹底できないリスクがあります。

　コンプライアンス・リスクは慎重に見なければなりません。買収前の問題に起因していても買収後に責任を持たなければならないリスクがあります。

　以上のような事前分析の後で、契約を交わします。日本人は一般的に細かなことまで契約に書くことを嫌う傾向にありますが、問題が発生した時に「良きに計らう」的な契約では対応できません。様々なリスクに関して予め一々取り決めをする方が安全です。

②リーダーは１人にする

　私は在職中、社員から役職名ではなく「さん付け」で呼ばれていましたが、「社長」と呼ばれることに執着する代理店経営者は多いようです。結果、買収後も被買収代理店の経営者の顔を立てて、それなりの役職を与えて共同経営者のような形で置くケースがあります。

しかし、共同経営は殆どの場合幻想です。特に代理店経営者は個性が強い人が多く、長年トップとして仕事をしてきたため他人の言うことを聞くのが苦手です。当初はお互いに気兼ねして言いたいことを言わずにいますが、しばらく経つと我慢ができなくなります。買収側が自社のビジョンややり方を導入しようと考えても、片方から自分のやり方は違うなどという意見が出てくると、社員はどちらに従って仕事をしたらよいのか分からなくなってしまいます。これでは代理店ブランド構築どころの話ではありません。

冷たいようですが、リーダーは１人にして被買収代理店の経営者は１年、長くても２年間顧問などの形でスムースな移行に貢献してもらった後（契約で期間とその間の役割と達成目標や報酬を明確にする必要があります）、引退してもらうことです。

③買収会社のやり方を全面的に採用させる

買収後も自社の代理店ブランドを被買収代理店で維持するためには、標準化された仕事のやり方（営業プロセスや社内の役割分担など）を全て導入させる必要があります。仮に被買収代理店が成長できていてある程度うまく行っていてもです。大事なことは短期的増収などではなく、代理店として明確な代理店ブランドを構築して中長期的に成長することです。

これは被買収代理店の社員、特に経験が長い社員の反発を生むことがあります。人間はなかなか変わりません。まして実績がある社員は自分流のやり方にこだわりを持っています。トレーニングや社員を送り込むことなどで変革していくわけですが、そのエネルギーを最小にするためにも事前に慎重に調査することが重要です。

④効率化

　保険ネットワークセンターの買収例では、被買収代理店が持って
いた遠隔地のお客様を買収後に他代理店に譲っています。多くの代
理店はお客様から紹介をもらうと、選別をせず全てに対応していま
す。その結果、遠隔地のお客様が増え経営効率が悪くなっているこ
とがあります。買収時はこのような関係を見直す良いチャンスです。
前の部分で自社のやり方に合ったお客様を選ぶ必要を書きましたが、
自社の営業の地理的範囲を限定することで営業効率を上げられるた
め、仮に当初は営業成績にマイナスの影響があっても回復させるこ
とができます。全てのお客様を維持しようと躍起にならず、代理店
として追求する将来像を明確にして、それに合ったお客様を大事に
していくことだと思います。

　買収で支店網ができた場合、保険会社のやり方を真似て業務の集
中化をすると経営効率が上がります。多くの場合、支店では社員数
が限られていて、全ての業務をこなすことが困難です。保険ネット
ワークセンターでは、生保のプラン設計は全て高松の本社で集中し
て行っています。将来的にＩＴ化を進めて顧客データベースを本支
店間で共有できれば、保険会社のコールセンターのように一か所で
お客様の問い合わせ対応ができるようになるのも夢ではありません。

IV. M&A

通販で学んだこと（5）組織内の情報共有

　通販では様々な広告展開や販売方法を企画実行する本社組織、電話を受けるコールセンターなど営業関係の組織が縦割りになっています。受電量は広告の量に左右され、予想外に多くの入電があって、折角かかってきた見込み客やお客様の電話を全回線が通話中で取ることができなかったり、問い合わせに的確に回答できなかったりすると、契約獲得漏れや信頼の喪失に繋がります。従って、組織横断的な情報共有によって、広告展開に合わせた教育や人員配置を行っています。

　見込み客やお客様からの電話は、配電システムによってその日一番電話に出ていないオペレーターに繋がります。従って、「さっき応えてくれたオペレーターと話したい」と言われてもできません。そこで、応対の履歴をデータで保存して、どのオペレーターが電話に出てもスムースな会話ができるよう工夫されています。

　一部ではオペレーターの指名制を採用している通販会社があるようですが、オペレーター毎に仕事の偏りが出てしまうため、一人のオペレーターがずっと面倒を見るという点ではお客さまサービスとして良い面はあるものの、効率的とは言えません。また、社員には常に退職のリスクがあります。指名制ですと社員の退職にも対応できず、ずっと面倒見させていただきますというお客様との約束を裏切ることにもつながりかねません。お客様をコールセンター全員でサポートできるのは、お客様の利便性と会社の効率の両面から大きなメリットがあります。

　保険代理店でも、この様に社内で積極的に情報共有を行うことが、サービスレベルや効率の向上に大きく貢献できると考えています。

あとがき

　保険会社の元経営者と代理店の現役経営者の共著という、保険業界で恐らく初めての試みの本でしたが、読者の皆様の印象はいかがだったでしょうか？　私たちが様々な経験をしてきたと言っても自ずとそれは限られている訳であり、皆様の置かれた環境や実態とそぐわないこともあったと思います。

　しかし、一つだけ確実に言えることは、保険を取り巻く環境は人口動態であれ、自動運転自動車やＩＴ化の進展などの社会の変化であれ、業法改正を契機に起こる第二の保険流通革命とも言える業界の動きであれ、程度や時期は別として必ず起こるということです。そして、それは代理店の経営に大きな影響を与えます。

　もしこのことにご同意いただけるのなら、そして今後も保険代理店経営を自らあるいは後継者に譲って続けたいのであれば、今から予想される変化に対し、自身の代理店がお客様に選ばれる理由を明確に差別化して自社ブランドを確立することで対応していかねばなりません。

　個々の代理店の皆さんの状況は大きく異なっているので、この本に書いたことがそのまま適用できるとは限りません。ただ、ほんの少しでも代理店経営の変革のきっかけや参考になって、皆さんが持続的に成長するために独自の変革に挑戦していただけるのなら、これ以上の幸せはありません。

　常に変化を続ける環境の中で代理店の皆さんが持続的に成長することと、保険会社の社員の皆様が、短期的な視点ではなく代理店の真のパートナーとして将来を見据えた適切なサポートを提供していくことを願ってやみません。

最後になりますが、この本を出版するに当たっては、原稿の段階でアドバイスをいただいた学生時代からの友人である一般社団法人日本損害保険代理業協会アドバイザー（元一般社団法人日本損害保険協会常務理事）の栗山泰史氏をはじめ、一般社団法人日本損害保険代理業協会の専務理事、野元敏昭氏、出版元である株式会社新日本保険新聞社の金井秀樹氏、私達のかつての同僚の皆さんに大変お世話になりました。これらの皆さんのご助言や励ましがなければ、この本が世に出ることはありませんでした。この場をお借りして感謝申し上げます。今度ビールでも飲みましょう。

2018年10月

横山　隆美

宮宇地　覚

参考資料

フィードバック用紙

社員アンケート

＊

地震保険損害確認スクリプト

顧客安否確認スクリプト

参考資料

◆　フィードバック用紙　◆

対象者名：

質問1　相手の仕事上での良い点、見習いたい点、感謝している点を書いてください

質問2　相手の仕事上での改善してほしい点を書いてください

注意事項　　１．性格や人格の否定することは書かない。
　　　　　　　２．良い点と改善点をバランスよく書くこと

　注意事項の順守を徹底してください。性格や人格の否定はしないこと、この人には言いたいことがたくさんあるとしても、見習いたいことと改善してほしいことは基本的に同数にすること。

参考資料

◆　社員アンケート　◆

01 あなたの職場はどこですか？（該当するものはすべて○する）

損保営業　　　生保営業　　　営業事務　　　経理総務

経営管理　　　財務人事

02 あなたの職責は何ですか？（該当するものに○する）

事務スタッフ　　　営業スタッフ　　　外務員

マネージャー　　　主任　　　課長　　　店長

部長　　　常務　　　専務　　　取締役　　　執行役員

03 会社のことをどう思いますか？（自由に記述、但し必ず書く）

04 次の問いに対して、

　　①強くそう思う　　②そう思う　　③何とも言えない

　　④そう思わない　　⑤強くそう思わない

　　　　　　　　　　　　　　の５段階評価して下さい。

183

参考資料

＊　もし私が良い仕事をしたら、会社は私に報いてくれるだろう。

（　　　　）

＊　自分の仕事をうまくやるために必要なものがそろっている。

（　　　　）

＊　自分の勤務環境は良好である。

（　　　　）

＊　自分の仕事にストレスを感じる。

（　　　　）

＊　自分の仕事に興味がある。

（　　　　）

＊　経営者は賢い意志決定を行っている。

（　　　　）

＊　この会社で働くことを誇りに思っている。

（　　　　）

05　あなたは各従業員が一人の個人として認められていると感じますか？

常に認められている　　　　　　普通は認められている

ときどき認められている　　　　たまに認められている

まったく認められていない　　　よくわからない

参考資料

06 会社が成功する様子を見てあなた自身にやる気が出てきますか？

非常にやる気が出てくる　　　ある程度やる気が出てくる

あまりやる気は出てこない　　まったくやる気は出てこない

よくわからない

07 会社はあなたに対してどの程度頻繁に会社の目的や戦略を知らせていると思いますか？

08 あなたはあなたの友達に対して、この会社に応募する事を勧誘しようと思いますか？

09 あなたの会社で、以下に述べるような差別や虐待を受けたことがありますか？

性的虐待（セクハラ）　　　　パワハラ　　　　年齢差別

男女差別　　　性的嗜好に対する差別　　　その他

185

参考資料

10 会社はわくわく働ける環境を作るよう努力していますか？

11 あなたの会社においてあなたのモチベーションが下がるときはどんなときですか？

12 あなたはあなたが就いている仕事に関して、あまりにもやるべき仕事が多すぎると思いますか？　やるべき仕事はちょうど良いと思いますか？　やるべき仕事は不十分だと思いますか？

13 公式な方法（会社主催）で、会社はあなたに対して、他の従業員とお互いに影響しあえる十分な機会（場所）を提供していますか？

参考資料

14 非公式な方法（社員主催）で、会社はあなたに対して、他の従業員とお互いに影響しあえる十分な機会（場所）を提供していますか？

15 あなたはどの程度の頻度で仕事に対する達成感を感じますか？

いつも	普通	たまに
めったにない	まったくない	よくわからない

16 あなたはあなたの仕事上のポジションに関して、必要なときに自分自身で行動を起こす自由が与えられていると感じますか？

17 あなたはあなたの仕事上のポジションに関して、顧客に対して正しいことを行う自由を与えられていると感じますか？

参考資料

18 会社の次の項目に関して評価（５段階、通信簿と同じ）を行って下さい。

健康保険制度　（　　　　）　　　休暇日数　（　　　　）

教育訓練　　　（　　　　）　　　業績評価　（　　　　）

人間ドック　　（　　　　）　　　駐車設備　（　　　　）

退職年金制度　（　　　　）　　　給料　　　（　　　　）

19 いまの仕事であなたは何をすればよいか、大変明確であれば"５"、まったく不明であれば"１"、として５段階評価で答えて下さい。

（　　　　）

20 以下の問題についてあなたの上司はどの程度頻繁にあなたと相談しますか？

５段階（常に、しばしば、たまに、ほとんどない、まったくない）で答えて下さい。

＊　個人の業績　　　　　　　　（　　　　　　　　）

＊　部課の業績　　　　　　　　（　　　　　　　　）

＊　会社全体の業績　　　　　　（　　　　　　　　）

＊　あなたのキャリアの目標　　（　　　　　　　　）

21 あなたの上司について以下の各項目を５段階で評価して下さい。

（"１"が劣っている、"５"が素晴らしい）

* 個人の業績についてディスカッションすること （　　　　）

* 部課の業績についてディスカッションすること （　　　　）

* 成果が得られたこと、目標に到達したことを認識すること

（　　　　）

* 目標を設定すること （　　　　）

* 上司の全体的な仕事ぶり （　　　　）

22 会社をよくするために何か提案があれば書いて下さい。（自由に記述、但し必ず書く）

参考資料

◆ 地震保険損害確認スクリプト ◆

１．地震保険有のお客様への損害確認電話スクリプト

① 保険ネットワークセンターの○○です。

② ただ今、先日の震災後、ご契約いただいているお客様のご無事の確認をさせていただいております。

③ ●●様のお宅は、みなさん無事にお過ごしでしょうか？
　　≪家族の不幸があれば、お見舞いの言葉と避難先・連絡先の確認≫

④ ところで、●●様には（建物・家財）に地震保険をお掛けいただいておりますが、被害はありませんでしたでしょうか？
　　≪有の場合は⑥へ≫　≪無の場合は⑤へ≫

⑤ それはなによりでした。では、念のため一通り確認させていただきます。

⑥ ［外壁・基礎・屋根の損害が無いか、割れ、欠損、落下など具体的に問いかける］
　　［家財のみの契約の場合、申告書の項目にそってヒアリング］
　　≪結果、有の場合は⑧へ≫　≪結果、無の場合は⑦へ≫

⑦ ありがとうございました。被害が無くて、本当になによりです ⇒ ⑬へ

⑧　それでは、本日付で事故の受付をさせていただきます。

今後の流れですが、まずは保険会社への登録後、基本的に（１週間後）までに外回りの担当が一度お宅に伺い、損害の確認をさせていただきます。

⑨　その後、保険会社の鑑定人と同行して、保険金の支払いの可否と金額についてのお話をさせていただきます。

⑩　支払いが確定すれば実際の保険金のお支払いとなります。

⑪　ただ、交通の状況や全体的な被災者の方の人数によってはもう少しお時間をいただく場合もございますので、その点お含みおき下さい。

⑫　また、損害の大きさや業者さんの都合によっては、鑑定人との話よりも修理を急がれる場合もあるかと思いますので、その場合はまず弊社にご一報いただきますよう、お願いいたします。

⑬　それでは、まだ余震も可能性がありますので、十分お気をつけてお過ごし下さい。

⑭　ありがとうございました。

参考資料

◆ 顧客安否確認スクリプト ◆

2．地震保険無のお客様への安否確認電話スクリプト

①　保険ネットワークセンターの○○です。

②　ご契約頂いていますお客様にこのたびの震災でのご無事の確認をさせ
　　ていただいております。

③　●●様およびご家族様はご無事でいらっしゃいますか？

④　≪家族の不幸があれば、お見舞いの言葉と避難先・連絡先の確認≫

⑤　ご自宅など被害にあわれていますでしょうか？
　　≪自宅が被災≫
　　　被害はどのような状況でしょうか？
　　　どちらかの避難所に避難されていますか？
　　　今後避難場所が変わるようでしたらご一報下さい。

　　≪生保・損害保険等の受付がある場合≫
　　　保険会社に事故報告をさせていただいて、またご連絡させていただ
　　　きます。

⑥　今後、弊社からご連絡させていただくのはこちらの携帯電話のほかに
　　ございましたら念のためお知らせいただいてもよろしいでしょうか？

⑦　もし何かご心配なことがございましたら、弊社の連絡先をお伝えしておきますのでいつでもご一報下さい。24時間対応させていただきます。

⑧　それでは、まだ余震の可能性もございますので、十分お気を付けてお過ごし下さい。

⑨　ありがとうございました。

著者紹介

横山　隆美（よこやま・たかよし）

1952年生まれ。静岡市出身。1976年東京大学経済学部卒業。同年ＡＩＵ株式会社入社。
代理店担当からキャリアを始め、1986年財務部門に異動。ニューヨークで１年間の研修を経て1990年に財務部長に就任。1992年から2017年末まで25年間に亘り、アメリカンホーム保険会社日本における代表者、ＡＩＵ保険会社日本における代表者、富士火災海上保険株式会社代表取締役を歴任。

宮宇地　覚（みやうじ・さとる）

有限会社保険ネットワークセンター代表取締役。標準化されたアプローチ手法「循環型セールス・プロセス」は多くの代理店が参考にしている。著書に「保険代理店ビジネス43の常識」や「次世代の代理店経営モデル」（ともに新日本保険新聞社より発行）

≪監修≫

一般社団法人日本損害保険代理業協会アドバイザー（元一般社団法人日本損害保険協会常務理事）　　　　　　　　　　　　栗山　泰史氏

一般社団法人日本損害保険代理業協会専務理事　　　　　野元　敏昭氏

私達から保険代理店へのメッセージ
―変化を乗り切る保険代理店経営―

2018年10月17日　　　初版発行　　　　　　　　定価（本体1,600円＋税）

著者　　横山　隆美
　　　　宮宇地　覚
編集　　金井　秀樹
表紙デザイン　　平林　直人

発行所　株式会社　新日本保険新聞社
　　　　〒550-0004　大阪市西区靭本町1－5－15
　　　　ＴＥＬ　06－6225－0550（代表）
　　　　ＦＡＸ　06－6225－0551

ホームページ　https://www.shinnihon-ins.co.jp/

ISBN978-4-905451-73-0　　　　　　　　　印刷・株式会社　廣済堂